# COMO DERROTAR O FASCISMO

## em eleições e sempre

Um guia-manifesto para a organização coletiva e mobilização permanente em rede

SERGIO AMADEU E RENATO ROVAI

**PROJETO EDITORIAL, EDIÇÃO E TEXTOS COMPLEMENTARES**
Mateus Potumati

**PROJETO GRÁFICO E DIAGRAMAÇÃO**
Helena Hennemann

# INTRODUÇÃO
## ou como ler este livro

*Como derrotar o fascismo (em eleições e sempre)* é um chamamento e uma proposta de organização da luta contra a nova forma de fascismo que emergiu em tempos recentes e vem destruindo o país. Muitas pessoas querem contribuir com o processo, mas esbarram com frequência na gritaria inócua das redes sociais e na desmobilização geral do campo progressista. Para colaborar com esse processo, procuramos articular um conjunto de conceitos básicos sobre o contexto político da era digital, enriquecido com propostas para engajamento e ação online.

A primeira parte trata da caracterização do fascismo de molde bolsonarista. A segunda, fala rapidamente da dinâmica das redes operadas por algoritmos e de sua história particular no Brasil. A terceira parte é tática, contendo sugestões de organização para o combate às frentes de desinformação da extrema-direita, válida não apenas para períodos eleitorais, mas para uma lógica de mobilização permanente. Como você verá, não é suficiente bater o fascismo apenas nas urnas: é preciso viabilizar e fortalecer modelos que mantenham essa ameaça sob controle em todos os momentos.

Por meio de uma série de proposições, buscaremos mostrar a importância de conceber estratégias e estimular o potencial de todas e todos para reunir pessoas em coletivos digitais. E mesmo que você não queira organizar ou participar de um grupo, há muitas atividades que podem ser realizadas individualmente. Este livro se pretende, assim, um tutorial para atuação nas redes que leva em conta sua natureza distribuída, personalizada e fluida. Foi concebido não como um documento final, mas como estímulo à reflexão, elaboração e aprofundamento posteriores pelos leitores.

**O recado mais importante, no final, é um só: não se abstenha. A ideia de que uma pessoa sozinha não fará diferença é desmobilizadora. Todo esforço, mesmo que pareça mínimo, é importante. Podemos e precisamos compor uma resistência nas redes para derrotar novas formas de fascismo.**

O bolsonarismo, uma das encarnações tropicais do neofascismo, se articulou no Brasil por meio das redes digitais. Compete a cada um de nós ocupá-las e contrapor as investidas do Gabinete do Ódio e suas milícias digitais, que contarão com o apoio da extrema-direita de todo o mundo. Nosso território é e continuará sendo palco dos mais importantes enfrentamentos em defesa da democracia. Esperamos que este guia forneça ferramentas úteis para as muitas brigadas antifascistas que, esperamos, entrarão nesse campo de batalha.

# PARTE I

# O QU
# FASC

É O

ISMO

# FASCISMO HISTÓRICO X FASCISMO DIGITAL

O que é o fascismo? Uma doutrina? Uma ideologia? Uma concepção de mundo? Uma mobilização política? Um conjunto específico de partidos? Pode ser tudo isso, a depender de como se caracterizem seus fundamentos e a sua dinâmica.

Os dois casos mais conhecidos foram o movimento fascista italiano e o nazismo alemão, associados a figuras como Benito Mussolini e Adolf Hitler. Quais foram as características desses dois movimentos políticos extremos, que conduziram tantos países a uma guerra mundial?

**Costuma-se atribuir três significados principais para o termo fascismo[1]**

1. O núcleo histórico original, constituído pelo fascismo italiano;
2. A dimensão internacional alcançada por esse movimento, consolidada pelo nacional-socialismo na Alemanha com características ideológicas, critérios organizativos e finalidades políticas próprias, que foi chamada de fascismo alemão;
3. Todos os movimentos ou regimes que compartilham tais atributos com o fascismo histórico.

1 SACCOMANI, Edda. "Fascismo". In: BOBBIO, Norberto; MATEUCCI, Nicola; PASQUINO, Gianfranco. *Dicionário de política.* Brasília: UnB, 2004, p. 466.

Quanto ao que caracteriza o fascismo, teorias de diferentes campos se complementam:

### Pensadores marxistas

Expressão do grande capital ou representação de extratos radicalizados das camadas médias na fase imperialista do capitalismo.

### Liberais

Arranjo totalitário em que tudo é regrado pelas determinações do comando fascista.

### Outros teóricos

Projeto de partido único que engloba o Estado e torna a sociedade um conjunto articulado e subordinado às suas determinações.

O filme distópico *V de Vingança*, baseado nos quadrinhos de Alan Moore e Dave Gibbons, pode ser visto como o retrato de uma sociedade organizada pelo fascismo.

Estabelecidas as linhas gerais, passamos à primeira grande questão deste debate:

## Faz sentido caracterizar a mobilização política da extrema-direita atual como fascista?

Em primeiro lugar, cumpre reconhecer: nem toda ditadura é fascista. As ditaduras militares na América Latina nas décadas de 1960 e 1970 foram sangrentas, mas não foram definidas como fascistas. Por quê?

Apesar de apelarem para valores patrióticos, os sistemas civis-militares de então não estruturaram alguns componentes cruciais do fascismo, tais como:

- Mobilização permanente da população ou de segmentos expressivos da sociedade;
- Culto a um líder supremo;
- Organização de milícias para atuar com violência em defesa da segurança existencial dos “homens de bem e de suas famílias”.

# O FASCISMO

Não suporta a democracia, apesar de os partidos e líderes fascistas poderem utilizá-la para chegar ao poder;

Tem objetivo indubitavelmente autoritário, conservador e voltado a um punhado de valores retrógrados;

Defende a anulação e o extermínio de quem possui valores diferentes;

Busca a ditadura;

Prega valores muitas vezes contraditórios e não possui uma única linha de pensamento global, variando de acordo com cada país e agrupamento fascista;

Busca enaltecer a pátria, mesmo quando pratica o mais descarado entreguismo.

Posse presidencial de Bolsonaro, em 2019

Em "Fascismo eterno", um dos textos mais profundos sobre o tema, o semiólogo Umberto Eco afirma que o fascismo:

> **"Era um totalitarismo difuso, uma colagem de ideias filosóficas e políticas diferentes, uma colmeia de contradições. Pode-se conceber um movimento verdadeiramente totalitário capaz de combinar monarquia com revolução, o Exército Real com a milícia pessoal de Mussolini, a concessão de privilégios à Igreja com educação estatal exaltando a violência, controle absoluto do Estado com livre mercado?[2]**

A irracionalidade, de fato, parece ser um traço fundamental do fascismo. Essa irracionalidade é entendida como incoerência articulada, que aponta em um sentido retrógrado e violento, mas sempre orientada à expansão e manutenção do poder.

---

2 ECO, Umberto. *UR-fascismo (O fascismo eterno)*. Nueva York: Universidad de Columbia, 1995.

Ao tratar do retorno do fascismo na década de 1960, o filósofo Theodor Adorno dizia que não deveríamos "subestimar esses movimentos por causa de seu baixo nível intelectual e falta de teoria". Para Adorno, o extremismo de direita não era visível, mas "as condições sociais para o fascismo continuavam existindo"[3].

Mais de 50 anos depois, podemos notar que as bases do fascismo estão vivas e ameaçam as democracias: as descrições de Eco e Adorno para o que aconteceu na década de 1930 servem para descrever com precisão o fenômeno brasileiro recente, consolidado pela eleição de Jair Bolsonaro em 2018.

## O bolsonarismo exalta:

- Um princípio de levante armado nacionalista;
- O exército, ao mesmo tempo em que organiza milícias;
- O fundamentalismo religioso, a quem concede privilégios;
- A violência;
- O controle do Estado, associado ao livre mercado;

Tudo regado a baixo nível intelectual e teórico, como registrou Adorno.

---

3 ADORNO, Theodor W. *Aspects of the New Right-Wing Extremism* (trans. Wieland Hoban). Medford, Mass.: Polity, 2020, p. 1.

Manifestantes pró-Bolsonaro em ato no dia 7 de setembro de 2021, em Belo Horizonte.

Adorno também notou que os fascistas cultivam a noção de impossibilidade de existir com o outro como ideia e sentimento cultivado. Por isso, alertou que "o conceito de existência é colocado a serviço do irracionalismo, da rejeição da argumentação racional, do pensamento discursivo como tal".[4] Aquilo que nos parece sem sentido e contraditório almeja na verdade o rompimento com as possibilidades de diálogo baseado na realidade.

A passagem a seguir é ilustrativa do fenômeno:

**"A engenhosidade da propaganda usada por esses partidos e movimentos é que ela equilibra a diferença inquestionável entre os interesses reais e os objetivos fraudulentos que defendem. [...] Quando os meios se tornam cada vez mais substitutos dos objetivos, quase se pode dizer que, nesses movimentos de extrema-direita, a propaganda constitui de fato a substância da política. E não é por acaso que os chamados líderes do nacional-socialismo alemão, como Hitler e Goebbels, foram antes de tudo propagandistas."[5]**

---

4 ADORNO, Theodor W. *Aspects of the New Right-Wing Extremism* (trans. Wieland Hoban). Medford, Mass.: Polity, 2020, p. 4.

5 Ibidem, p. 6.

# O FASCISTA

É estritamente capitalista.

É fundamentalmente retrógrado.

É capaz de articular o homem comum das camadas médias, que assimilou a ideologia da classe dominante.

Considera que pobres são pobres porque não têm mérito, sorte ou a bênção de Deus.

Convive com aquele que é pobre, mas se acredita detentor de capital, sob risco constante de desapropriação e extermínio pela pobreza.

Odeia quem luta por direitos sociais e coletivos. O "comunista" é o seu alvo: nada é pior que o "comunismo", aqui entendido como qualquer iniciativa que queira "proteger quem não tem mérito, não trabalhou, não se esforçou".

Defende o opressor e, não raro, manifesta prazer com o sofrimento alheio.

Expressa seu sofrimento na política como ódio e humilhação do outro, nunca como debate baseado em argumentos racionais.

Membros da Ação Integralista Brasileira, braço local do movimento fascista, em 1935.

Munido desses valores e atributos, o fascismo pode ganhar eleições e arregimentar parcelas numerosas da população. Hitler foi eleito e chegou ao poder dentro das regras democráticas da chamada República de Weimar – o golpe que desfechou aconteceu depois de ter conquistado o controle do Estado democraticamente.

O contexto, porém, era de grande violência do Estado contra a esquerda – foi a república "democrática" que assassinou Rosa Luxemburgo e Liebknecht e que promoveu o massacre de comunistas no primeiro de maio de 1929 em Berlim –, com leniência da grande imprensa e judiciário, apoio financeiro da burguesia e institucional das Forças Armadas. Hitler conquistou a nomeação como chanceler recorrendo a subterfúgios antidemocráticos, com a cumplicidade das classes dominantes.

**Por isso, não consideramos que a classificação mais adequada para o atual movimento da extrema-direita mundial, aí incluído o bolsonarismo, seja a de um populismo de direita.**

O fato de buscarem se afirmar pelo voto não exclui seus discursos e objetivos de poder violento baseado em valores retrógrados, indissociável do culto à eliminação dos oponentes.

O fascismo pode ser populista em sentido variado e amplo. Mas nem todo populismo é fascista. A ideia de tornar o povo um grupo compacto e mitificado está presente nas experiências classificadas de populistas; entretanto, o populismo que cultua o carisma de sua liderança não necessariamente quer romper com a democracia, eliminar os diferentes ou mobilizar a violência para impor seus valores.

Por isso, chamar a atual extrema-direita de populista parece deixar de fora inúmeros componentes importantes que a constituem. O mito da homogeneidade da sociedade em povo que pensaria de um único modo e seguindo um único líder ou partido pode ser visto como uma solução de atração dos diversos segmentos da população, mas essa atração, quando visa se manter pela violência, com a eliminação dos contrários e a criação "inimigos do povo" permanentes, pode ser caracterizada de fascista.

Por fim, o neofascismo também se vale de ideais de pureza e purificação racial, parte intrínseca da doutrina da solução final do nazismo. Como nos lembra o sociólogo Zygmunt Bauman[6], importava àquela doutrina extrair as ervas daninhas, eliminar os sujos, os indesejáveis e degenerados.

6 BAUMAN, Zygmunt. *O mal-estar da pós-modernidade*. Editora Schwarcz-Companhia das Letras, 1999.

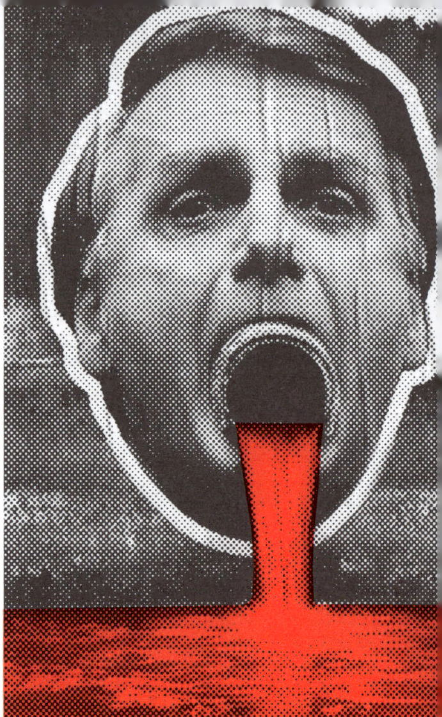

É por isso que supremacistas brancos e racistas em geral se sentem representados pelo discurso preconceituoso do bolsonarismo.

**"Eu fui num quilombo. O afrodescendente mais leve lá pesava sete arrobas. Não fazem nada. Eu acho que nem para procriador ele serve mais."**

**JAIR BOLSONARO**, durante palestra na sede carioca do Clube Hebraica, em 3 de abril de 2017.

**"Temos uma certa herança da indolência, que vem da cultura indígena. (...) A malandragem é oriunda do africano."**

**HAMILTON MOURÃO**, em evento da Câmara de Indústria e Comércio de Caxias do Sul (RS), em 6 de agosto de 2018.

# NEOFASCISMO E A QUESTÃO RACIAL

O racismo é um fenômeno estrutural no Brasil. Isso significa que nossas estruturas sociais, de trabalho e relações cotidianas de forma ampla foram organizadas pelo racismo. Há pouco mais de 130 anos, a escravidão era legal e oficial no país. Quando, pressionado, o então Império decidiu abolir a prática, os negros foram lançados à condição de miseráveis "livres" – sem qualquer forma de indenização, posses ou recursos mínimos.

Submetida à pobreza extrema e à subcidadania, a população negra passou a compor parte majoritária de um contingente gigantesco de trabalhadores precarizados, a serviço de um capitalismo tardio, periférico, avesso a direitos e remunerações minimamente dignas.

Logo, a reboque do pensamento europeu e estadunidense, vieram as ideias eugenistas. No início do século XX, o branqueamento da população era visto como fundamental para eliminar "a mancha negra" que impregnou a nação. Nascia ali uma distorção de valores que daria o tom de ideias caras ao neofascismo atual, como a de que o racismo é causado pelos próprios negros – o infame "racismo reverso".

O grande pensador e militante negro Abdias do Nascimento, no livro *O genocídio do negro brasileiro:* processo de um racismo mascarado, aborda o tema nestes termos:

"E para acrescentar o insulto à injúria, os brancos das classes dominantes ainda têm o despudor de acusar o negro, trazido da África sob grilhões, de ser o causador do 'problema' racial brasileiro! Pois outra não fora a acusação feita por Monteiro Lobato, o popular escritor de livros infantis destilando racismo, em carta dirigida a um seu amigo em 1908: 'Que problemas terríveis o pobre negro da África nos criou aqui, na sua inconsciente vingança! Talvez a salvação venha de São Paulo e outras zonas que intensamente se injetam de sangue europeu.' O 'problema' criado pelas classes dominantes brancas com a 'libertação' da população escrava não foi, como devia ser, a providência econômica de assegurar a esta nova parcela do povo brasileiro sua própria subsistência."

Não podemos fazer de conta que isso não existiu. Não podemos aceitar o racismo cínico remodelado como democracia racial. Muito menos podemos deixar de lado o assassinato persistente de jovens negros nas periferias dos centros urbanos.

Todavia, a extrema-direita brasileira e, principalmente, a doutrina dos generais brasileiros, quer esconder o racismo e negar que ele existiu um dia. Curioso: tínhamos escravidão, mas não tivemos racismo?

Novamente é importante resgatar um trecho do livro de Abdias do Nascimento, no qual o autor destaca uma reportagem d'O Globo de 1969. Nela, fica evidente que a ditadura militar considerava a denúncia do racismo um ato contra a segurança nacional:

"Publicando telegrama procedente de Brasília, o jornal informa que o general Jaime Portela, em exposição de motivos ao presidente da República sugerindo a criação da Comissão Geral de Inquérito Policial-Militar, datada de 10.2.1969, refere-se a conclusões do 'Conselho de Segurança Nacional sobre ações subversivas e afirma: 'No contexto das atividades desenvolvidas pelos esquerdistas, ressaltamos as seguintes: (item 9) – Campanha conduzida através da imprensa e da televisão em ligação com órgãos estrangeiros de imprensa e de estudos internacionais sobre discriminação racial, visando a criar novas áreas de atritos e insatisfação com o regime e as autoridades constituídas."[7]

A extrema-direita militar brasileira tenta bloquear, descaracterizar, ridicularizar o que consideram a luta antirracista, bem como as cotas nas universidades públicas, as propostas de reparação de danos causados à população negra, as denúncias do extermínio sistemático dos jovens negros.

Precisamos denunciar as trapaças do bolsonarismo contra o movimento negro a fim de barrar o avanço da luta antirracista. Em um país estruturalmente racista, quando não lutamos contra isso estamos reproduzindo seus elementos estruturantes.

A luta antirracista não se limita, mas se liga diretamente à luta de classes e à resistência contra a precarização do trabalho. A maioria dos negros estão entre os extratos mais pobres, integram o contingente de trabalhadores mais precarizados, com menos direitos. Também foram os que mais sofreram os impactos devastadores da pandemia.

7 "Portela vê Imprensa a Serviço da Discriminação Racial para Conturbar." *O Globo*, 10.Fev.1969.

Ato antirracista em Fortaleza, 2019

# FASCISMO DIGITAL E NEOLIBERALISMO TARDIO

O fascismo atual não se organiza exclusivamente em partidos: ele se tornou digital, descentralizado e independente de organizações institucionais. Tal como Goebbels utilizou aparatos comunicação avançados para disseminar as mensagens nazistas, o fascismo do século XXI vem embalado por influencers, youtubers, cientistas de dados, crackers e empresas de marketing político como a Cambridge Analytica.

O movimento ganhou engajamento e força a partir da consolidação da *alt-right*, a direita alternativa norte-americana. Blogs como Breitbart News e InfoWar passaram a empolgar anarco-capitalistas e todo o guarda-chuva libertário de direita de forma geral, atraindo jovens entediados e sem futuro com a promessa vaga de "romper com o sistema".

Clamando pela liberdade de expressão ilimitada (ainda que válida apenas para o seu próprio campo), os líderes de opinião da *alt-right* passaram a estigmatizar direitos e garantias individuais e coletivas, ironizados sob a pecha do "politicamente correto".

Um exército de jovens online, aí incluídos adolescentes desiludidos, gamers homofóbicos, misóginos e haters em geral, encontrou então sentido para suas frustrações e desesperanças. Agindo em hordas, passaram a ridicularizar e perseguir defensores de direitos sociais (os *normies*), pessoas fora dos padrões estéticos normativos, portadores de deficiência e minorias em geral.

**"Não deixem que limitem sua liberdade de dizer o que você quiser, de rir e fazer piadas de qualquer situação. Sejam livres."**

Palavras de ordem típicas dos líderes da *alt-right* estadunidense, inspiração máxima do bolsonarismo.

Logo, muitos usuários de fóruns digitais como o 4Chan se tornaram militantes do movimento e, por tabela, da campanha pela eleição de Donald Trump.

Atuando em redes de relacionamento online, produzindo e editando memes e vídeos com estética vaporwave, esse exército digital foi sendo orientado e financiado por empresários reacionários e bilionários do Vale do Silício encantados pelo neoliberalismo tardio.

**Safra Catz, CEO da Oracle,** doou US$ 127 bi para a última campanha eleitoral de Donald Trump e é incentivador de grupos da extrema-direita.

**Robert Leroy Mercer, um dos primeiros pesquisadores e desenvolvedores de inteligência artificial.** Tornou-se gestor de fundos de hedge e foi um dos maiores investidores da extinta Cambridge Analytica. É grande financiador de grupos de extrema-direita.

**Peter Thiel, fundador do PayPal,** disse: "Não acredito mais que liberdade e democracia sejam compatíveis".[8] para uma plateia da direita libertária em abril de 2009.

MARCOS OLIVEIRA | WIKIMEDIA

Que liberdade é essa à qual Thiel se refere? Exatamente a liberdade de exploração econômica, ilimitada e irrestrita reivindicada pelos neoliberais.

Para essa extrema-direita, o Estado está sob o domínio de uma ficção batizada de "marxismo cultural". Segundo ela, a democracia seria controlada e hegemonizada por ideias intervencionistas oriundas dos princípios de igualdade defendidos pelo marxismo. Isso estaria suprimindo a liberdade dos mais aptos, dos empreendedores e de outros atores de um mundo "livre".

Antes de reduzirem o aparato e a intromissão estatal, a democracia e o sistema eleitoral o estariam estimulando. Dessa forma, os avanços do neoliberalismo e de seus empreendimentos estariam comprometidos.

Ocupando posições-chave de empresas de tecnologia e contando com adeptos dotados de grandes habilidades informacionais, a extrema-direita logo consolidou sua estratégia de expansão.

8 LAND, Nick. *The Dark Enlightenment*. Online: https://www.thedarkenlightenment.com/the-dark-enlightenment-by-nick-land/

# A ESTRATÉGIA DE EXPANSÃO DA NOVA EXTREMA-DIREITA EM QUATRO PILARES

1) Principalmente digital.

2) Rompimento com o debate racional baseado em fatos.

3) Nova roupagem a valores reacionários clássicos.

4) Desinformação e caos cognitivo como modus operandi.

*Com isso, fornece nova força ao neoliberalismo, agora sem nenhum pudor de romper e atacar a democracia e suas instituições.*

**O discurso antissistema é outro elemento recorrente entre os entusiastas do movimento. Mas qual sistema? Não o capitalista, obviamente: o inimigo a ser combatido compreende tudo que busca um mínimo de equilíbrio entre o poder do capital e a justiça social do socialismo.**

Assim, para ganhar adeptos, passam a identificar como poderosos e atacar defensores da democracia. Escolhem para isso figuras do capital financeiro que, apesar de terem grande apreço pelo neoliberalismo, não romperam com a democracia liberal, e que por isso podem ser rotuladas de "comunistas".

O mundo digital se torna o terreno de disputa da hegemonia política, e nele se trava abertamente uma guerra cultural. Curiosamente, os neofascistas assumem a perspectiva de Gramsci e a invertem: querem construir seu bloco histórico e destruir a hegemonia dominante.

Para compor esse bloco, articulam a velha e carcomida supremacia branca, a Ku-Klux-Klan, grupos neonazistas, terraplanistas recalcados, ligas de tiro, novos eugenistas, neorreacionários, fundamentalistas religiosos de matriz cristã; enfim, uma profusão de grupos que não conseguiriam sentar em uma mesa sem o risco de um grande tiroteio.

Articulam ainda figuras exóticas e falantes carismáticos, muitos deles alçados ao status de youtubers de grande influência. Para tirar vantagem da espiral de espetacularização que domina as redes digitais, eliminam qualquer pretensão à coerência e muitas vezes apelam para o completamente contraditório como forma de atrair atenção e engajamento.

É assim que revelam e dão holofote a figuras como afrodescendentes que atacam lideranças negras e movimentos antirracistas, pessoas LGBTQIA+ que afirmam odiar a homossexualidade, defensores da liberdade de expressão que defendem a implantação de ditaduras. Importa, com isso, interditar qualquer possibilidade de debate produtivo, confundir e calar defensores de valores civilizatórios e reivindicar a completa e total liberdade de agressão, praticada nas redes e fora delas.

# O BOLSONARISMO COMO EXPRESSÃO DO NEOFASCISMO

"O trabalhador terá que escolher entre mais direito e menos emprego, ou menos direito e mais emprego"[9]. Jair Bolsonaro

Na nova extrema-direita global, os círculos neoliberais majoritários aparentam viver em conflito com princípios liberais clássicos. Mas a adesão a tais princípios não ultrapassa o nível das aparências.

**No Brasil, o neoliberal padrão se pretende moderno, mas continua patrimonialista, clientelista e servil aos interesses da matriz colonial; enquanto isso, se vale do seu status para precarizar relações de trabalho, substituir mão de obra humana por sistemas algorítmicos e executar outras diretrizes contidas na cartilha do capitalismo tardio.**

Paulo Guedes seria o *condottiere* da missão neoliberal, enquanto a Bolsonaro caberia o discurso, a mobilização das bases extremistas e a execução da cartilha.

Guedes e seu séquito jamais imaginaram, porém, que a última esbarraria nas idiossincrasias do Congresso brasileiro.

Mas para que parlamento? O líder falava para o povo e, no comando de um ecossistema formado por lives, disparos do gabinete de ódio, youtubers e outros, consolidaria o apoio de que necessitava.

---

9 TOLOTTI, Rodrigo. "Bolsonaro diz no JN que trabalhador terá de escolher entre direitos e emprego". *InfoMoney*, 28 ago 2018. Online: https://www.infomoney.com.br/politica/bolsonaro-diz-no-jn-que-trabalhador-tera-de-escolher- entre-direitos-e-emprego/

Bolsonaro passou a se interessar pela negociação apenas quando o caldo entornou e ele se viu nas mãos do grupo de deputados patrimonialistas conhecido como Centrão. Essa movimentação deixa claro:

**Bolsonaro é um fascista típico: queria ser ditador e tentou o golpe até o limite do possível.**

**Seu projeto político sempre consistiu em governar a partir de uma ligação direta com as massas, mobilizadas pelos dutos do WhatsApp para pressionar o *establishment* político.**

Jair Bolsonaro e Sergio Moro, quando ainda eram aliados, em 2019.

MARCOS CORRÊA | WIKIMEDIA

Com o fracasso da estratégia, a canoa começou a afundar. Receosos de um resultado eleitoral desastroso, neoliberais adesistas e alguns neofascistas, como os integrantes do MBL e o núcleo de ativistas judiciais da Lava Jato comandado por Sergio Moro e Deltan Dallagnol, se afastaram de Bolsonaro. Por um período, alimentaram a ideia de uma frente ampla contra sua reeleição.

É realmente fundamental pensar uma frente política mais abrangente e agregadora, que possa acolher segmentos desiludidos com o bolsonarismo. Mas rebaixar o programa e as ações dessa frente para incorporar segmentos fascistas não parece uma boa ideia.

PRECIS
CONST
UMA FR
ANTIFA

AMOS
RUIR
ENTE
SCISTA

Não podemos compor uma aliança com grupos cuja estratégia política é baseada em desinformação e no ataque sistemático a valores civilizatórios. Aceitar os métodos fascistas contribuiria para o caos informacional pretendido pela extrema-direita global e comprometeria a ação antifascista.

# PRINCIPAIS FUNDAMENTOS DO FASCISMO

De acordo com o filósofo estadunidense Jason Stanley, em *Como funciona o fascismo: a política do "nós" e "eles"*. (L&PM, 2018).

Resgate a um passado mítico que nunca existiu.

Ataque às instituições sob pretexto de combater a corrupção.

Ódio a intelectuais e universidades.

Defesa cega de um líder hierárquico.

Estigmatização e possível criminalização de minorias e da diversidade em geral.

Ataques aos sistemas de justiça social e direitos.

Desqualificação da imprensa.

*Alguma semelhança com o bolsonarismo?*

# MOBILIZAÇÃO PERMANENTE: O ANTIFASCISMO PARA ALÉM DAS ELEIÇÕES

## O neofascismo brasileiro tem muitas faces:

- Conta com hipsters de patinete e ruralistas de fuzil.
- Recorta as classes dominantes, principalmente o capital financeiro e o agronegócio.
- Arregimenta extratos majoritários do grande, médio e pequeno empresariado.
- Confere identidade de grupo aos que odeiam registrar empregadas domésticas e definir um limite a sua jornada de trabalho.
- Mobiliza setores da alta burocracia pública e das profissões liberais, como juízes, promotores, médicos e a elite do funcionalismo público, cuja forte identidade corporativa e de classe encontra aderência nos valores conservadores do fascismo.
- Engaja todos que adotam o racismo, a misoginia e a homofobia como explicação para suas frustrações.
- Recebe a adesão entusiasmada de fundamentalistas religiosos, principalmente aqueles que construíram impérios financeiros explorando a fragilidade e a pobreza.

**Ao reunir e dar propósito comum a todos esses setores, o fascismo chegou a mobilizar entre um quinto e um quarto da população.**

Apoiadores de Jair Bolsonaro em ato em Londres (7.Out.2018).

R4VI | WIKIMEDIA

FASCISTA
NÃO!

Manifestantes no ato feminista #ELENÃO. Largo da Batata, São Paulo (29.Ago.2018)

Vencer o fascismo em eleições é um passo importante para recompor a democracia, retomar políticas públicas indispensáveis ao desenvolvimento e conter a miséria crescente. Mas precisamos seguir avançando em áreas como distribuição de renda, defesa do meio ambiente, reparação dos danos causados pelo racismo, bem como elaborar uma política tecnológica que supere o entreguismo e o bloqueio da inventividade e criatividade locais.

O neofascismo não desaparecerá diante de derrotas eleitorais. Os neoliberais que romperam com a democracia seguirão despejando esperanças e recursos para apoiar líderes como Bolsonaro.

**Vamos nos preparar para derrotar a besta fascista. Vamos recolocar o país no rumo da democracia. Cada uma e cada um de nós é fundamental nesse processo. A guerra é distribuída. Para vencer o peso do capital e da desinformação precisaremos organizar muitos coletivos digitais.**

# PARTE II

# CAM
# BATA

PO DE
LHA

# CAPITALISMO DIGITAL E AUTOMATIZAÇÃO DA ESFERA PÚBLICA

Parte altamente significativa da comunicação humana atual ocorre via redes de relacionamento social, aplicativos de mensagens instantâneas, repositórios de vídeos, fóruns de discussão, blogs e e-mails.

Essas interações são mediadas por grandes empresas de tecnologia – as chamadas Big Techs – que controlam as plataformas e adotam um modelo de negócio baseado na oferta de interfaces e serviços gratuitos, para que possamos ficar o máximo de tempo possível neles.

Com isso, essas plataformas podem coletar dados dos seus usuários de maneira constante e determinar gatilhos de consumo. É isso que empresas trilionárias como Google, Facebook, Amazon, Microsoft são na prática: gigantescos mecanismos de apuração de padrões de comportamento e consumo.

Desse modo, a coleta de dados e metadados possibilita a alocação de perfis de usuários em amostras, que são apresentadas a anunciantes para potencializar a venda de produtos, serviços e ideias.

# JORNADA TÍPICA DE UMA PLATAFORMA DIGITAL

**1**

**Participação do usuário**

incentivada pela gratuidade e "usabilidade" do serviço

**2**

**Coleta de informações sobre comportamento**

**3**

**Envio de dados para algoritmos de aprendizado de máquina**

**4**

**Reconhecimento de padrões de interação**

relacionamentos, consumo, inclinações políticas

**5**

**Elaboração de conjunto de preferências e tendências**

**6**

**Aplicação de modelos de análise preditivos**

**7**

**Determinação de escolhas futuras do usuário**

**8**

**Venda de anúncios direcionados e personalizados para clientes**

O objetivo das plataformas é conduzir nossos comportamentos e modular nossa percepção para obter ganho econômico. O esforço maior da comunicação em rede não é expor conteúdo, mas obter atenção: o difícil não é falar, mas ser ouvido.

Assim, as plataformas exploram técnicas e experimentos da chamada economia da atenção e do design comportamental. Essa dinâmica levou a pesquisadora Shoshana Zuboff a caracterizar a economia baseada na extração e tratamento de dados de...

## Capitalismo de vigilância:

**"Vivemos uma nova ordem econômica, que reivindica a experiência humana como matéria-prima gratuita para práticas comerciais dissimuladas de extração, previsão e vendas."**[10]

No contexto capitalista do século XXI, portanto, o papel da tecnologia informacional teria evoluído para a constituição de uma economia da vigilância, cujo objetivo é impor uma "ordem coletiva baseada na certeza total"[11].

Mark Zuckerberg, CEO da Meta, controladora do Facebook, Instagram e WhatsApp, entre outras.

**10** ZUBOFF, Shoshana. *A Era do Capitalismo de Vigilância* (Intrínseca, 2021).

**11** Idem.

# ALGORITMOS, OS ARQUITETOS INVISÍVEIS DA VIDA ONLINE

As plataformas de consumo e conteúdo e as redes de relacionamento online são gerenciadas, em tempo real, por algoritmos de um tipo de Inteligência Artificial baseada em dados. Por isso, dizemos que a gestão das plataformas é uma gestão algorítmica.

Um algoritmo pode ser compreendido como uma sequência finita de procedimentos não ambíguos que utiliza informações para gerar resultados – que podem ser um procedimento realizado por um computador, por um robô, por uma máquina. As redes sociais são operadas em tempo real por sistemas algorítmicos, ou seja, por um conjunto de algoritmos.

Os sistemas algorítmicos de Inteligência Artificial mais utilizados são o aprendizado de máquina, ou aprendizado profundo, também conhecidos por seu nome em inglês, *machine learning*. Esses sistemas acompanham nossas ações, nosso comportamento no interior da plataforma. Eles utilizam modelos estatísticos para extrair padrões e formular predições com base em todos os dados que conseguem coletar de seus usuários.

Quando entramos no Facebook ou no TikTok, quem organiza nossa timeline – ou seja, tudo que vemos na tela da rede social – são os algoritmos da plataforma. Cada ação realizada, como curtir uma foto, é coletada pela plataforma e transformada em dados, que se somam ao conjunto de registros e informações já obtidas sobre seus usuários. O objetivo é prever e predizer comportamentos para vender anúncios, serviços e ideias com mais precisão.

## DO ALGORITMO...

A partir de informações transformadas em códigos de programação, são produzidas sequências finitas de procedimentos não ambíguos e padronizados. Essas sequências realizam instruções desejadas, como uma ação em um computador, robô ou máquina.

## ...AO APRENDIZADO DE MÁQUINA *(ou machine learning)*...

Os sistemas algorítmicos acompanham as ações e o comportamento dos usuários na plataforma, utilizando modelos estatísticos para extrair padrões e formular predições com base nos dados coletados.

## ...AOS ANÚNCIOS DIRECIONADOS

Os usuários são então organizados em amostras demográficas, que podem ser adquiridas por anunciantes que desejam atingir pessoas de um determinado segmento. O nível de precisão e assertividade dos anúncios evolui à medida que os usuários interagem com a plataforma.

O objetivo final das redes sociais é monetizar a partir de todo o conteúdo que circula por elas. Por isso, oferecem acesso a seus microssegmentos de público não apenas a empresas com fins comerciais, mas a qualquer usuário disposto a pagar por isso, incluídas aí organizações políticas. E é especialmente aqui que a questão tem ganhado cores cada vez mais sinistras.

# COMO OS SISTEMAS ALGORÍTMICOS PODEM INTERFERIR NA DEMOCRACIA?

Espectadores bem informados e atentos têm relativa facilidade em perceber quando um apresentador de TV omite um fato relevante, ou quando distorce uma informação para defender interesses editoriais.

Nas plataformas, no entanto, é impossível detectar quando o sistema algorítmico invisibiliza ou reduz o alcance de um determinado conteúdo. A operação do sistema é fechada, o que torna impossível discernir com clareza seus parâmetros, regras de aprendizado, modelos de aplicação de dados e limites (lógicos, mas também éticos) de suas operações.

Ao controlar a distribuição de conteúdo, definir o que cada usuário verá e modular sua atenção, os algoritmos que operam as redes sociais interferem na formação da opinião pública.

## CAMBRIDGE ANALYTICA: ULTRAPERSONALIZAÇÃO DO ÓDIO A FAVOR DE TRUMP

Você provavelmente se lembra da Cambridge Analytica, empresa de marketing político digital que protagonizou enorme controvérsia nas eleições dos EUA em 2016.

Após extrair dados do Facebook e analisar o perfil psicográfico de milhares de norte-americanos, a empresa utilizou algoritmos de aprendizado de máquina para disparar milhões de mensagens direcionadas que atacavam a candidatura de Hillary Clinton à presidência.

Com uma estratégia de conteúdo agressiva, baseada na disseminação do medo, do ódio e da dúvida, postagens carregadas de preconceito e teorias conspiratórias atingiram em cheio setores decisivos do eleitorado.

Qual era o alvo prioritário da campanha? Obviamente, os estrategistas não esperavam convencer ativistas de direitos humanos a apoiar Donald Trump. Mas, a partir de um bombardeio de imagens e postagens alocadas com extrema precisão, poderiam, por exemplo, convencer potenciais eleitores democratas de que Hilary Clinton não faria diferença para a defesa de garantias individuais e coletivas.

Ao final, a Cambridge Analytica se vangloriou de ter levado pessoas a desistirem de votar na candidata democrata. Em um país onde o voto não é obrigatório, isso pode ter tido papel decisivo na vitória de Trump.

## O CASO FACEBOOK FILES

Em meados de 2021, o The Wall Street Journal publicou uma série de reportagens chamada Facebook Files. Munidos de documentos e depoimentos de ex-funcionários vazados da plataforma, o jornal mostrou o impacto extremamente preocupante que o Facebook pode exercer na democracia.

Segundo a reportagem, a rede social construiu um sistema que concedia privilégios de publicação a algumas personalidades e políticos.[12] Esses VIPs estavam acima do

12 HORWITZ, Jeff. "Facebook Says Its Rules Apply to All. Company Documents Reveal a Secret Elite That's Exempt." The Wall Street Journal. https://www.wsj.com/articles/facebook-files-xcheck-zuckerberg-elite-rules-11631541353?mod=article_inline (última visita em 13 de setembro de 2021).

bem e do mal para os algoritmos da plataforma de Zuckerberg. Entre as personalidades isentas de controle estavam Neymar Jr e o presidente Trump, no início de sua gestão, antes de ser banido.

Após ficar evidente o estrago promovido por suas postagens desinformativas e antidemocráticas, Trump e outros políticos negacionistas foram banidos da plataforma. Mas a reportagem revelou algo mais grave: a plataforma interferiu de forma direta na visualização e distribuição de conteúdo.

Se a lógica de recompensa e sugestão de conteúdo das redes sociais já vinha sendo alvo de fortes críticas, por estimular o crescimento e a articulação do fundamentalismo de direita no planeta, a reportagem acrescentou uma camada extra de responsabilização na conduta do Facebook e do WhatsApp.

Dona do Facebook, do WhatsApp, do Instagram e do Messenger, a Meta controla 4 das 5 redes mais populares do Brasil e tem peso inegável na formação da opinião pública no país (o YouTube, do Google, completa o top 5).

# TWITTER: VIÉS À DIREITA

Em outubro de 2021, o Twitter divulgou em seu blog uma pesquisa sobre os efeitos de seus algoritmos na disseminação de conteúdo político.[13] Foram analisados milhões de tweets entre 1º de abril e 15 de agosto de 2020, de agências de notícias e autoridades eleitas de sete países.

Os pesquisadores descobriram que, exceto na Alemanha, o algoritmo do Twitter beneficiava mais conteúdos de direita do que de esquerda: mensagens conservadoras eram mais "amplificadas", ou seja, alcançavam mais pessoas.[14]

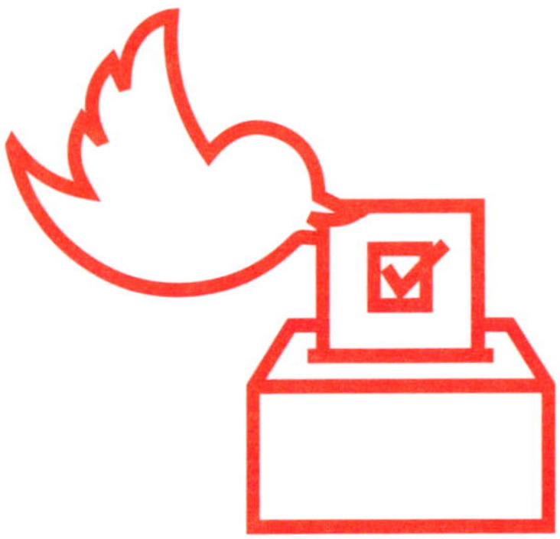

**"O conteúdo político é parte importante da conversa pública no Twitter. Quando foi lançado, o serviço apresentava aos usuários o conteúdo das contas seguidas por eles, organizados em alimentação cronológica reversa. Em 2016, a plataforma introduziu algoritmos de aprendizado de máquina para apresentar tweets com base em um modelo de relevância personalizado. A partir daí, os usuários passaram a visualizar tweets mais antigos considerados relevantes, bem como de contas que não seguiam diretamente. Essa interação entre curadoria de conteúdo algorítmica e discurso político tem sido objeto de intenso debate acadêmico e escrutínio público."[15]**

Esse processo de escolha algorítmica, realizada via mecanismo de aprendizagem, é chamado de curadoria algorítmica. Na prática, ao selecionar o conteúdo que recebemos sob uma lógica de identificação de interesses e recompensa, o Twitter promove também a modulação da nossa atenção.

---

13 CHOWDHURY, Rumman; BELLI, Luca. "Examining algorithmic amplification of political content on Twitter." Blog do Twitter: https://blog.twitter.com/en_us/topics/company/2021/rml- politicalcontent (último acesso em 21 de outubro de 2021).

14 HUSZÀR, F.; KTENA S.; O'BRIEN, C.; BELLIT, L.; SCHLAIKJERA, A.; HARDT, M. "Veículos de notícias de tendência à direita, conforme definido pelas organizações independentes listadas acima, veem uma maior amplificação algorítmica no Twitter em comparação com os meios de comunicação de tendência de esquerda." In "Algorithmic Amplification of Politics on Twitter." https://cdn.cms-twdigitalassets.com/content/dam/blog-twitter/official/ en_us/company/2021/rml/Algorithmic-Amplification-of-Politics-on--Twitter.pdf Também: https://blog.twitter.com/en_us/topics/company/2021/rml-politicalcontent

15 HUSZÀR, F.; KTENA S.; O'BRIEN, C.; BELLIT, L.; SCHLAIKJERA, A.; HARDT, M.. Algorithmic Amplification of Politics on Twitter, pg 1. Online: https://cdn.cms-twdigitalassets.com/content/dam/blog-twitter/official/en_us/company/2021/rml/Algorithmic- Amplification-of-Politics-on-Twitter.pdf

# BRASIL, PÁTRIA DO ZAP

**120 milhões**
de usuários no Brasil

**2ª maior base**
de usuários do mundo, atrás apenas da Índia, que tem população 6,5 vezes maior

**98%**
acessam o serviço diariamente.

**79%**
utilizam como principal fonte de informação

A gestão algorítmica das plataformas pouco favorece conteúdos de contraponto ao neofascismo. Além disso, a extrema-direita despeja milhões de reais para comprar disparos massivos e impulsionar conteúdo com o objetivo de atingir segmentos e microssegmentos da população.

O ambiente da disputa por votos e pela formação da opinião pública é perpassado pela automatização integrada das Big Techs e seus dispositivos cada vez mais populares. Nelas, o poder econômico não tem limites, e seus sistemas algorítmicos opacos levam muitos ativistas pela democracia a exigirem a regulamentação democrática das plataformas digitais e a transparência e supervisão de seus sistemas algorítmicos pela sociedade civil.

Mas é preciso derrotar o fascismo mesmo que os algoritmos tentem reduzir a visualização dos nossos conteúdos. Para isso, atuar de forma militante e engajada nas redes digitais nunca foi tão importante.

# INTERNET E AS ELEIÇÕES: MARCOS HISTÓRICOS

## ESPANHA, 2004: A NOITE DOS CELULARES

**FERRAMENTAS**
Mensagens de texto (SMS).

**RELEVÂNCIA**
Mudou o resultado da eleição para primeiro-ministro e foi um divisor de águas para novas formas de organização política distribuídas por meio de conexões digitais.

**CONTEXTO**
No dia 14 de março, os espanhóis iriam às urnas escolher o sucessor do conservador José Maria Aznar (PP). Mariano Rajoy, candidato de Aznar, liderava as pesquisas com folga – José Luiz Rodrigues Zapatero, jovem líder do Partido Socialista Obrero (PSOE), ocupava um distante segundo lugar. Três dias antes do pleito, o metrô de Madri sofre um atentado a bomba que deixa 191 mortos.

**COMO FOI**
Ciente do perigo para as pretensões do partido, o governo de Aznar se antecipa à disputa de narrativas e vai a público culpar o ETA, grupo separatista basco, pela ação. A Al Qaeda assume a autoria logo em seguida, como retaliação à participação da Espanha na invasão do Afeganistão. Tem início um processo de abafamento, e a notícia desaparece da imprensa. Anos antes dos aplicativos de mensagens instantâneas, os espanhóis utilizaram SMS para criar um grande boca-a-boca contra a tentativa de manipulação midiática. O movimento ganha escala rapidamente e culmina em manifestações massivas no sábado, 13. Quando as urnas são abertas, Zapatero vira o jogo e vence com margem razoável.[16]

IGDELVALLE | WIKIMEDIA

Ato contra o primeiro-ministro espanhol José Luis Zapatero em novembro de 2006

16 UGARTE, D. *O poder das redes: manual ilustrado para pessoas, organizações e empresas, chamadas a praticar o ciberativismo*. Porto Alegre: EDIPUCRS, 2008

# BRASIL, 2006: A INTERNET ENTRA EM CENA

## FERRAMENTAS

Orkut, blogs.

## RELEVÂNCIA

Marcou o início do declínio do reinado absoluto da mídia tradicional nas eleições, cujo auge se deu na manipulação contra Lula no pleito de 1989[17]. Fóruns de discussão no Orkut e uma emergente comunidade de blogs, à esquerda e à direita, ampliaram o contraditório e pautaram a narrativa da imprensa. Mobilização da blogosfera progressista conteve tentativa de manipulação no Escândalo dos Aloprados.

## CONTEXTO

Lula e Geraldo Alckmin disputavam o segundo turno das eleições para presidente. A hegemonia da TV ainda era incontestável, mas o uso da Internet crescia no país – aproximadamente 25% dos eleitores tinham acesso à rede, ainda que a maioria com baixa qualidade de conexão. Ainda que as campanhas não contassem com equipes dedicadas de comunicação digital, pesquisadores da ESPM desenvolveram uma pesquisa pioneira para avaliar o impacto das novas mídias na esfera pública.[18]

## COMO FOI

Na análise, os autores destacam o "caráter sistêmico da articulação entre novas mídias e mídias tradicionais" e apontam a Internet teve impacto indireto nos eleitores em 2006, se dando principalmente por meio de repercussão na mídia tradicional. O professor Sérgio Amadeu da Silveira, um dos autores deste livro, ressaltou ainda o cenário de exclusão digital no Brasil[19], que limitou a influência da Internet camadas mais abrangentes da população. Ainda assim, os espaços digitais tiveram papel relevante entre as classes médias, em especial os formadores de opinião[20]. Além disso, a blogosfera progressista, que começava a ganhar musculatura, foi fundamental para desmontar uma operação de manipulação de informação protagonizada pelo delegado Edmilson Bruno, da Polícia Federal, em conjunto com veículos de comunicação, no escândalo que ficou conhecido como dos "aloprados"[21].

---

17 Para mais informações, consulte o livro de Mario Sergio Conti sobre o tema, *Notícias do Planalto: A imprensa e o poder nos anos Collor* (Companhia das Letras, 2012).

18 Esse trabalho foi publicado posteriormente pelos professores Clóvis Barros Filho, Marcelo Coutinho e Vladimir Safatle, no livro *A Mídia nas Eleições de 2006* (Fundação Perseu Abramo, 2007), organizado por Venício A. de Lima.

19 Idem, Silveira, S. A., "Combate na fronteira eletrônica: a Internet nas eleições de 2006".

20 Idem, Silveira, S. A., "Combate na fronteira eletrônica: a Internet nas eleições de 2006".

21 Para mais informações, leia ROVAI, R. *Um novo ecossistema midiático: a história do jornalismo digital no Brasil* (Consejo Latinoamericano de Ciencias Sociales, 2018).

# EUA, 2008: OBAMA INAUGURA A ERA DAS CAMPANHAS DIGITAIS

**FERRAMENTAS**
Facebook, e-mail, blogs.

**RELEVÂNCIA**
Primeira grande campanha eleitoral com protagonismo digital. Além de principal espaço de divulgação de ideias, a Internet também foi utilizada como plataforma de financiamento, mobilização, inovações criativas e análise de dados[22].

**CONTEXTO**
Obama corria por fora nas prévias do partido democrata contra a favorita Hillary Clinton, candidata preferida da liderança do partido e dos meios de comunicação liberais. Percebendo o crescimento do Facebook e a empolgação da blogosfera independente, a jovem equipe de campanha apostou em uma estratégia majoritariamente digital para contornar a força do clã Clinton.

**COMO FOI**
À medida que os debates entre Obama e Clinton aconteciam, a campanha foi engajando um número crescente de eleitores e virou o jogo. O candidato escolhido pelos democratas chegou altamente fortalecido à disputa contra o então presidente George W. Bush, o mais impopular dos EUA em décadas, que enfrentava uma das maiores crises econômicas da história e o rescaldo da fracassada invasão do Iraque. Um plano de comunicação ágil e moderno, aliado a uma estratégia inovadora de financiamento, que arrecadou um volume recorde de contribuições individuais via e-mail, levou Obama a se tornar o primeiro presidente negro da história dos EUA.

22 BIMBER, Bruce. "Digital media in the Obama campaigns of 2008 and 2012: Adaptation to the personalized political communication environment." Journal of information technology & politics, v. 11, n. 2, p. 130-150, 2014.

# BRASIL, 2010: A BLOGOSFERA PROGRESSISTA GANHA FORÇA

**FERRAMENTAS**

Blogs, Twitter.

**RELEVÂNCIA**

Consolidação do Twitter como palco de discussão e termômetro político e dos blogs progressistas independentes como força de contraponto à narrativa da imprensa tradicional.

**CONTEXTO**

Com o crescimento do uso da Internet[23] e a adesão crescente às redes sociais, as três principais candidaturas à presidência – Dilma Rousseff (PT), José Serra (PSDB) e Marina Silva (PV) – estabeleceram equipes dedicadas de redes sociais e realizaram pré-campanhas de mobilização e articulação digital. O Facebook tinha então 11 milhões de usuários e o Twitter, 12 milhões. As coordenações de campanhas enfatizaram o uso da segunda como meio de divulgação, mobilização e repercussão, mensurável pelo uso de hashtags e pelos Trending Topics (TTs). Em uma consulta rápida aos TTs, os jornalistas podiam saber rapidamente quais notícias ou acontecimentos ganhavam repercussão, e por isso a ferramenta foi vista como meio de verificação de audiência e relevância – um termômetro instantâneo da opinião pública. A corrida foi marcada ainda pelo icônico caso da Bolinha de Papel, no qual a mobilização nas redes – com destaque para os blogs progressistas – foi crucial para desmontar uma farsa montada pela campanha tucana.

**COMO FOI**

Um exemplo de "hackeamento" da cobertura jornalística via mídias digitais se deu no primeiro debate com os candidatos à presidência, organizado pelo UOL. Diante da decisão do veículo de convidar apenas os três presidenciáveis com maior intenção de votos, Plínio de Arruda Sampaio, candidato pelo PSOL, resolveu promover um "debate virtual paralelo" via Tweetcam. O tom irônico dos comentários, associado ao caráter de novidade, gerou grande repercussão e levou Plínio ao 1º lugar do TT-BR, ganhando mais visibilidade nas redes do que os participantes do debate oficial. Com relação à cobertura tradicional, o padrão não foi diferente de outras eleições: estudo do Manchetômetro apontou forte viés negativo para a candidata do PT. De seis escândalos em destaque, cinco eram contrários ao PT e apenas um atingia o PSDB. Como resultado, o levantamento identificou 1501 artigos sobre os "escândalos do PT", contra 82 sobre o PSDB. Com relação aos candidatos, enquanto Dilma teve 1295 matérias contrárias, Serra teve 726 e Marina, 75.

---

23 Segundo dados do CGI, em 2010, 35% das residências brasileiras tinham computadores, praticamente o dobro de 2006, e 27% tinham acesso à Internet. A proporção da população que era usuária da Internet pela mesma pesquisa, que era de 28% em 2006, havia passado para 41% em 2010. Uma ampliação de praticamente 50% no número de internautas. Apesar do relevante crescimento, esses dados ainda indicavam alcance limitado da Internet, que continuava concentrada nos segmentos de maior renda. Mesmo assim, as campanhas dos principais candidatos deram ao ambiente digital uma importância muito maior do que em 2006.

## O CASO DA BOLINHA DE PAPEL

O ápice da demonstração de força das redes na corrida eleitoral de 2010 foi a batalha pela versão de uma situação ocorrida com o candidato José Serra. Na manhã de 20 de outubro, a comitiva do tucano caminhava pela Baixada Fluminense quando se deparou com um grupo de militantes petistas. Houve um princípio de tumulto, e um objeto não identificado foi arremessado contra Serra. O candidato seguiu andando normalmente, mas minutos depois deixou o local e foi para o pronto-socorro. Os portais, num primeiro momento, noticiaram que Serra havia sido atingido por uma fita crepe ou algo mais pesado. Na mesma noite, porém, o Jornal do SBT mostrou, em câmera lenta, que o objeto se tratava de uma bolinha de papel.

Na noite seguinte, o Jornal Nacional retomou a versão de que o objeto poderia ser uma fita crepe ou um objeto pontiagudo, corroborada por uma análise do perito Ricardo Molina. Segundo Molina, teriam sido arremessados dois objetos. A reportagem teve 6m48s, algo inédito para os padrões do programa. Na mesma noite, José Antonio Meira da Rocha, professor de Jornalismo Gráfico da UFSM/CESNORS, desmontou a reportagem da Globo e a análise de Molina frame a frame. Segundo Rocha demonstrou, o suposto segundo objeto era na verdade a sombra de outra pessoa. Imediatamente, a blogosfera política alternativa e outros ativistas digitais adotaram a hashtag #SerraRojas, aludindo ao evento em que o goleiro chileno Roberto Rojas, em uma partida contra a seleção brasileira, fingiu ter sido atingido por um rojão – o caso havia sido lembrado por Lula em uma entrevista pela manhã, ao comentar o fato. Paulo Henrique Amorim foi um dos que publicaram em seu blog a sequência de frames. #SerraRojas ficou nos TT Brasil até a manhã do dia seguinte.

Mais tarde naquele ano, Luis Nassif revelou ter recebido uma ligação de Aloysio Mercadante, dirigente da campanha de Dilma no segundo turno e candidato ao governo de São Paulo. Segundo ele, Mercadante avaliou que, não fosse o contraponto dos blogs progressistas, Dilma teria perdido a eleição[24].

---

24 Não é exagerado dizer que em 2010 houve uma "guerra de narrativas" entre a mídia tradicional e os blogs progressistas. Com uma operação de apuração colaborativa, a blogosfera foi decisiva para desmontar narrativas falsas e impedir que a eleição fosse decidida por fake news. Além da Bolinha de Papel, outro episódio emblemático foi a tentativa de colar em Dilma a pecha de "abortista", para o qual o comitê tucano chegou a contratar equipes de telemarketing. A campanha foi iniciada por Monica Serra, esposa do candidato, quando esta declarou em um evento na Baixada Fluminense que a petista "gostava de matar criancinhas". Com agilidade, os blogs levantaram e divulgaram a informação de que Monica havia feito dois abortos e tratado do tema em sala de aula.

José Serra, candidato a presidente em 2010 e pivô do episódio da "Bolinha de Papel"

# BRASIL, 2014: O ANO DA VIRADA DIGITAL

**FERRAMENTAS**

Facebook, Twitter, WhatsApp.

**RELEVÂNCIA**

A difusão do uso da Internet e a melhoria substancial da qualidade de conexão mudou de maneira significativa a disputa eleitoral. Pela primeira vez em eleições no Brasil, informações geradas na Internet passam a ter também grande repercussão na opinião pública e na pauta da mídia tradicional[25]. Os grandes veículos ainda são os protagonistas da cobertura, mas os blogs e sites jornalísticos ganham espaço. O grande dado novo foi a ampla participação distribuída em plataformas de rede, seja por perfis e páginas militantes, seja por personalidades e cidadãos comuns[26].

**25** Estudo de Rovai e Silveira, autores deste livro, tratou deste fenômeno: ROVAI, R.; SILVEIRA, S. A.. "Replicações e influências cruzadas nas eleições de 2014: Um estudo das redes sociais e veículos de comunicação de massas." *Anais da 39a Anpocs*, 2015.

**26** Castells cunhou o conceito de autocomunicação de massas para caracterizar o tipo de interação que ocorre na Internet. Nela, o usuário pode enviar um e-mail, falar em um chat ou no Skype com apenas uma pessoa, mas também pode atingir o potencial de uma audiência massiva por meio das redes, como no caso de um vídeo no YouTube ou um meme em uma rede social. Esse fenômeno já pôde ser amplamente observado nas eleições de 2014. CASTELLS, M. *Communication Power*. Nova York: Oxford University Press, 2009, p.63-4.

## CONTEXTO

De acordo com estudo do Manchetômetro, a mídia tradicional manteve a tendência de cobertura, com noticiário mais favorável ao candidato tucano Aécio Neves do que à ex-presidenta Dilma Rousseff (PT)[27]. O contraponto se deu por meio do grande tempo de TV obtido pela coligação petista e pelo alto engajamento das campanhas nas redes sociais. O número de compartilhamentos das principais postagens, seja no Twitter ou no Facebook (que havia se tornado a rede mais popular no país, com 59 milhões de usuários por dia), girou em torno de 250 mil replicações. No Twitter, Marina Silva (PSB), substituta de Eduardo Campos, morto em um acidente aéreo, viveu um momento simbólico da disputa: a campanha #MarinaVoltaAtrás, lançada por uma série de tuítes do pastor Silas Malafaia. Outro fenômeno de 2014 foi a estreia do WhatsApp como instrumento de campanha.

## COMO FOI

**Redes sociais e a política do escândalo.** A eleição de 2014 tornou evidente que uma das características fundamentais do embate eleitoral digital pode ser compreendida pelo que Manuel Castells denominou de "política do escândalo", e da luta pelo poder como uma disputa pela "construção de imagens". O fenômeno pode ser percebido nos dois levantamentos do Manchetômetro citados neste livro: neles, a mídia tradicional opera como suporte dessa espetacularização da política, com claro viés ideológico e partidário. De alguma forma, essa política do escândalo também deu o tom na eleição de Donald Trump, ainda que de forma mais distribuída e à revelia dos veículos tradicionais. Versões dessa estratégia, que recebeu desses veículos o já emblemático nome "fake news", já fora empregada pelos mesmos. Porém, na lógica da disputa

Slogan famoso de apoio ao então candidato a presidente Aécio Neves, em 2014

27 Segundo o site, os "escândalos" contrários ao PT foram Correios de Minas Gerais, Doleiro Youssef, Graça Forster na CPI, Mensalão, Miriam Leitão na Wikipédia e Petrobras; enquanto os contrários ao PSDB foram Aeroporto de Cláudio, Alstom, Cantareira/Água em São Paulo, Mensalão Tucano e Metrô de São Paulo. Os casos vinculados ao PT resultaram em 688 artigos, enquanto os do PSDB tiveram 229. Em setembro, último mês de campanha, as matérias sobre escândalos do PT chegaram a 99 e as do PSDB se resumiram a 13. Em relação às manchetes nos jornais estudados, as contrárias à candidata Dilma Rousseff foram 77, a Aécio Neves, 9, e a Marina Silva, 6.

Idealizadores do Midia Ninja no programa Roda Viva, em 2013

das redes, o controle de narrativas, aí incluídos boatos e mentiras, deixa de ser exclusividade da mídia tradicional.

Em 2014, o fenômeno de influências cruzadas ganhou mais amplitude. Muitas vezes, mesmo sem citar os blogs, novos hubs e coletivos que haviam apurado determinada história ou realizado uma entrevista, os veículos tradicionais, que antes evitavam repercutir qualquer coisa desse novo campo do ecossistema midiático, passaram a tratar do assunto. E também começaram a observar e utilizar o monitoramento das plataformas de redes sociais como geradoras de pautas que depois se tornavam artigos em seus produtos.

A influência dos veículos tradicionais não se perdeu: eles mantiveram protagonismo, mas passaram a ter que aceitar o fato de que a agenda pública – sequer a dos escândalos – não era mais exclusividade deles. E que o ecossistema midiático brasileiro havia se transformado de vez: haviam surgido outros personagens, já não havia mais exclusividade de discurso e a monocultura informativa não se impunha mais de forma absoluta.

Esse ecossistema, atualmente, passou a ser ameaçado não só por mais um cavaleiro do infoapocalipse, as fake news, como também pelo poder de players internacionais como Facebook e Google.

# E O QUE ACONTECEU EM 2018?

O candidato eleito em 2018 teve menos de 10 segundos no horário eleitoral gratuito na televisão aberta. Não tinha uma grande coligação, muito menos articulação com candidatos mais fortes aos governos estaduais. Sem palanque, sem partidos coligados e sem tempo de TV expressivo, o candidato conhecido por defender a tortura e o golpe militar venceu as eleições. É mais que sabido que sua principal estratégia estava baseada nas redes digitais, em especial nos dutos do WhatsApp e em influencers raivosos do YouTube.

A eleição de Bolsonaro vinha na onda da reorganização da extrema-direita mundial, que já havia resultado na vitória de Donald Trump nas eleições norte-americanas de 2016. Lá ficou claro que a desinformação havia sido a principal estratégia empregada para derrotar a candidatura de Hillary Clinton. Ondas de mentiras, agressões, discursos que combinavam ódio e teoria de conspiração foram empregados seletivamente.

Técnicas de microssegmentação foram utilizadas para engajar extremistas republicanos e de grupos supremacistas brancos, racistas, neoliberais e, ao mesmo tempo, para desinteressar e desarticular o eleitorado em áreas nas quais o Partido Democrata tinha grande peso e tradição. Assim, Steve Bannon se desligou da empresa de marketing Cambridge Analytica para assumir a coordenação da campanha de Trump.

MIDIA NINJA

Ato Nacional Contra o Golpe e Pela Democracia (17.Abr.2016, Brasília/DF).

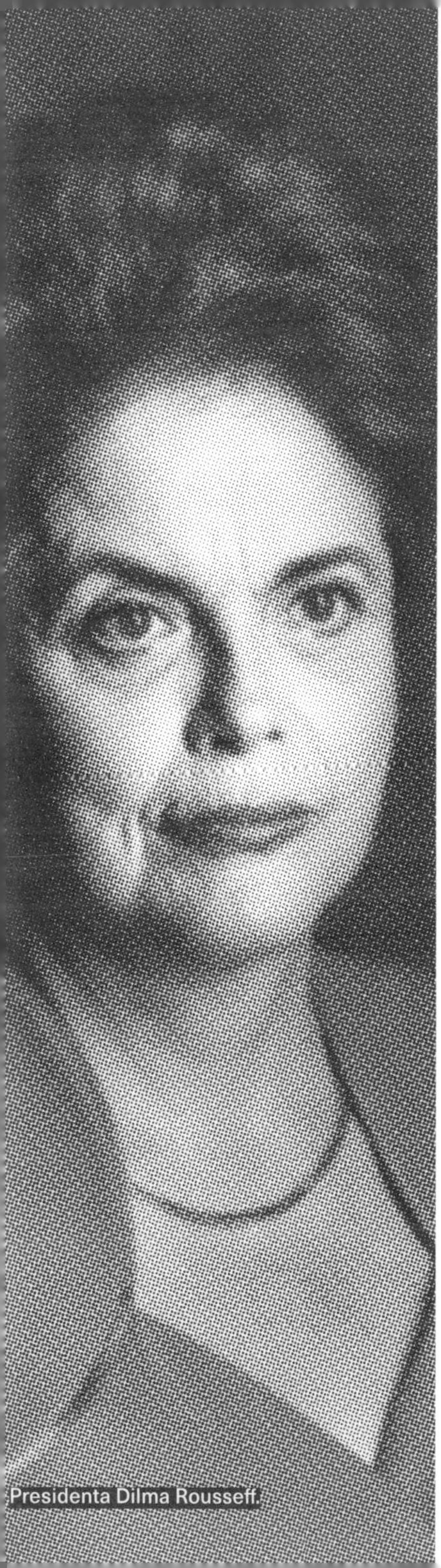

Presidenta Dilma Rousseff.

**No Brasil, o terreno estava aplainado para receber a extrema-direita e sua estratégia de desinformação. A mídia tradicional e parte substancial das classes dominantes tinham conseguido criar a farsa da Lava Jato, golpear a Constituição e a democracia com um processo de impeachment sem crime de responsabilidade contra a presidenta Dilma Rousseff.**

No epicentro do golpismo estava o tucanato, que apesar de fulminado pela mesma Lava Jato que havia articulado pretendia eleger Alckmin. Os estrategistas tucanos acreditavam que haviam cultivado desinformação suficiente para alimentar o ódio contra o PT. Haddad, candidato de Lula, impedido pela farsa comandada por Moro-Dallagnol de concorrer à presidência, jamais venceria o tucano.

O que não contavam é que, no terreno da descontextualização e da farsa, a extrema-direita e Jair Messias Bolsonaro estariam mais preparados para vencer. Combinando grupos conservadores de diversas matizes – incluindo um grupo de generais ávidos por mais poder e benesses – a um eleitorado confuso diante do avassalador clima de que o mal maior do Brasil seria a corrupção da esquerda, operaram uma avalanche de narrativas desencontradas, combinando ficção e opiniões como se fossem fatos incontestáveis.

Veio a estranha facada. Bolsonaro foi poupado de debates. O candidato do cinismo foi beneficiado pela narrativa fundamentalista de que Deus o havia enviado para salvar o país do "homossexualismo", da perversão, da emancipação feminina diante do sagrado papel dos homens de bem.

Enquanto isso, empresários empolgados com a promessa de destruição de direitos trabalhistas e sociais organizavam uma das campanhas digitais mais caras de todos os tempos. Disparadores e cadastros foram comprados e lançados pelo WhatsApp, combinando-se atuação no Brasil a uma operação no exterior a partir de celulares virtuais.

A produção de conteúdo se baseou principalmente na produção de mentiras, principalmente contra a candidatura de Fernando Haddad. A estratégia era criar uma situação na qual não se sabia mais distinguir fato de opinião, o ocorrido do inventado, a mentira da verdade – tornou-se corriqueiro, em grupos do WhatsApp, considerar parentes, amigos ou terceiros fictícios como fontes fidedignas de um fato.

O bolsonarismo não contou apenas com a experiência internacional para desenvolver essa tecnologia de informação. Jean Wyllys, Maria do Rosário, Manuela D´Avila, Márcia Tiburi, a ex-presidenta Dilma e o ex-presidente Lula entre outros políticos e movimentos sociais já haviam sido vítimas de campanhas de fake news, tanto das hordas que o apoiavam como também de outros movimentos de extrema-direita como o Movimento Brasil Livre (MBL).

Ataques fascistas foram o eixo do golpe de 2016 para mobilizar principalmente uma classe média que era terreno fértil para o ódio político a pautas de direitos humanos e políticos progressistas.

O que parece ter sido a grande diferença da eleição de 2018 foi que Bolsonaro se preparou para a disputa transformando o que costuma ser parte do jogo subterrâneo no seu principal território eleitoral. Ele profissionalizou como nunca o jogo sujo e contou com empresários que de forma ilegal contrataram empresas para operar esse esquema.

A jornalista da Folha de S. Paulo Patrícia Campos Mello demonstrou como funcionava o esquema numa reportagem publicada em 18 de outubro de 2018[28], entre o primeiro e o segundo turno. Empresas compravam pacotes de disparos em massa de mensagens contra o PT no WhatsApp[29].

**28** A investigação de Campos Mello deu origem ao livro *A máquina do ódio: Notas de uma repórter sobre fake news e violência digital*, lançado pela Companhia das Letras em 2020. A reportagem original pode ser lida em https://www1.folha.uol.com.br/poder/2018/10/empresarios-bancam-campanha-contra-o-pt--pelo-whatsapp.shtml (última consulta: 26.Jan.22).

**29** Fonte: https://www1.folha.uol.com.br/opiniao/2018/10/como-o-whatsapp-combate-a-desinformacao-no--brasil.shtml (última consulta: 26.Jan.22)

WIKIMEDIA

O empresário Luciano Hang, um dos principais apoiadores de Bolsonaro, em 2021.

Entre as financiadoras estava a Havan, de Luciano Hang, que já era um dos ícones da campanha bolsonarista. Os contratos que Campos Mello conseguiu investigar somavam R$ 12 milhões e previam disparos de centenas de milhões de mensagens. Os preços variavam de R$ 0,08 a R$ 0,12 por disparo para a base própria do candidato e de R$ 0,30 a R$ 0,40 quando a base era fornecida pela agência.

Após essa suspensão dos parâmetros da realidade com ondas massivas de desinformação, foi se criando ao mesmo tempo a figura de Bolsonaro como salvador de pátria, o homem incorruptível e antissistema.

Quatro anos depois, a gestão Bolsonaro está mais aferrada ao "sistema" do que nunca, de quem depende completamente após ter desmontado o país e ampliado a letalidade de uma pandemia, que matou mais de 600 mil pessoas por inoperância, omissão, incompetência e corrupção, verificada até na compra de vacinas.

Bolsonaro, hoje, é um dos últimos líderes dos fascistas. Sua trajetória política seguirá tendo o apoio de poderosos atores da extrema-direita mundial, e para derrotá-los é fundamental fazê-lo no seu campo de batalha.

Após uma suspensão dos parâmetros da realidade com ondas massivas de desinformação, criou-se a figura do salvador da pátria incorruptível e antissistema. Quatro anos depois, a gestão Bolsonaro está mais aferrada ao "sistema" do que nunca, de quem depende completamente após ter desmontado o país e ampliado a letalidade de uma pandemia, que matou mais de 600 mil pessoas por inoperância, omissão, incompetência e corrupção, verificada até na compra de vacinas.

# PARTE III

# COMO VOCÊ POD

# DERR

# O FAS

TUAR PARA

TAR

CISMO

Esta parte do livro é voltada à prática. Nela, propomos ações em formatos e com objetivos variados, para que você possa se inspirar a participar dessa grande mobilização antifascista.

# ORGANIZANDO SUA ESTRATÉGIA DE CAMPANHA

Estratégia é um termo empregado para definir os rumos e as ações mais importantes para se atingir os objetivos da sua iniciativa ou contribuir com a campanha de seu candidato.

A organização de uma estratégia pessoal ou do seu coletivo de campanha depende de alguns elementos que só você pode responder! Ela dependerá dos seus objetivos, da sua vontade e disposição e dos recursos à sua disposição.

MÔ BERTUZZI | @MOBERTUZZI

# OITO PERGUNTAS INICIAIS QUE VOCÊ DEVE SE FAZER

## 1. EM QUAL(IS) REDE(S) EU DEVO ATUAR?

Definir o campo de batalha é o ponto de partida. É possível atuar em uma ou mais redes, mas é importante priorizar aquela com a qual você tem mais familiaridade. Em qualquer uma delas será possível executar um trabalho relevante.

Se você tem fluência em mais de uma, pode escolher por critérios como:

**RELEVÂNCIA ENTRE A DIREITA**

WhatsApp, YouTube e Twitter seguem sendo as principais redes de mobilização desse espectro político.

**BASE DE USUÁRIOS MAIS MADURA**

Se você deseja falar com um público acima dos 45 anos, o Facebook segue tendo penetração relevante no segmento.

**ABERTURA DE NOVAS FRENTES**

Terra sem lei, o Telegram já é a rede de mensagens mais relevantes entre os produtores de conteúdo de direita; o TikTok é a principal rede entre os adolescentes e a Twitch tem se tornado um hub de politização para a esquerda jovem, com força especial nos segmentos gamer e cultural.

## 2. QUE TEMA EU DEVO ESCOLHER?

Para ser assertivo, dois elementos devem ser levados em conta: relevância e capacidade de atuação. É importante que seu tema esteja alinhado ao contexto político e que você tenha as habilidades necessárias para trabalhar com ele.

Você tem talento para checar fontes de notícias a dialogar com negacionistas? Combater fake news pode ser a sua. Tem familiaridade com temas evangélicos? Há dezenas de grupos públicos dessas comunidades nos quais você pode atuar.

**DICA**

Você pode monitorar temas mais comentados nas redes pelo Twitter (Trending Topics), Instagram (hashtags) e Google (Trends). Mas também vale confiar no seu feeling: o pessoal no seu grupo de trabalho fala muito sobre vacina? Que tal uma ação pensada para eles?

# 3. EM QUAL PÚBLICO EU DEVO ME CONCENTRAR?

É impossível falar com todo mundo, por isso definir seu público-alvo é fundamental. Isso depende, novamente, da sua vocação e das "oportunidades de mercado" que se apresentam.

Quer você escolha focar em pessoas próximas ou em anônimos, atuando em escala pequena ou falando com audiências mais abrangentes, um bom crivo é priorizar aqueles que estejam mais propensos à sua mensagem.

| Má ideia... | Boa ideia! |
|---|---|
| Tentar "converter" bolsonaristas convictos. | Abordar Lavajatistas frustrados com o desempenho de Bolsonaro contra a corrupção. |
| Tentar atrair farialimers falando sobre as maravilhas do socialismo. | Abordar "isentões" revoltados com a condução da pandemia de Covid-19. |

**LEMBRE-SE**
Para ajudar Trump, a Cambridge Analytica se concentrou em desestimular potenciais eleitores de Hillary Clinton a votar.

**DICA**
Confira sempre as pesquisas sobre as preferências políticas dos brasileiros.

# 4. QUE TIPO DE AÇÃO E FUNÇÃO EU DEVO REALIZAR?

Operações em mídias sociais são sinônimo de produção de conteúdo em texto, imagem, vídeo ou áudio. Mas existem dezenas de outras ações possíveis e complementares: moderação de comentários, gerenciamento de comunidades e engajamento em discussões; monitoramento de atividades; distribuição de conteúdo; impulsionamento de posts e outras modalidades de anúncios pagos; planejamento; gestão de equipe; desenvolvimento de algoritmos para respostas automáticas e outros.

Quanto mais pessoas estiverem com você, mais é possível dividir funções.

**DICA**
Escolher algo com que você tem familiaridade deixa tudo mais ágil; porém, as redes são espaços incrivelmente versáteis e democráticos, que aceitam vários formatos. Muitos conteúdos de qualidade aparentemente ruim são os mais bem sucedidos. Por isso, sem síndrome de impostor: não se limite por pensar que não tem talento para uma função.

MÍDIA NINJA

## ;. QUAL SERÁ O OBJETIVO :STRATÉGICO DA SUA AÇÃO?

)bjetivos estratégicos são aqueles ue, quando atingidos, implicam o umprimento integral de uma ação , portanto, seu sucesso. Definir bjetivos claros, quantificáveis e ao eu alcance é o primeiro passo para ealizar uma ação eficaz. Por isso, uanto mais específica for a sua esposta, melhor.

'or exemplo:

| Em vez de... | ...Prefira |
|---|---|
| \cabar com as fake news. | Combater fake news no grupo da família no WhatsApp. |
| /encer a eleição. | Virar votos indecisos no meu trabalho. |
| )esmascarar teorias la conspiração. | Resgatar pessoas iludidas por teorias da conspiração no grupo X do Telegram. |
| ;ombater o negacionismo. | Combater narrativas negacionistas em comentários de vídeos da direita no YouTube. |

## 6. QUAL SERÁ SUA META?

Metas são objetivos quantificados – números que nos ajudam a organizar os ritmos de campanha, confirmar a eficácia das ações executadas e modular expectativas para iniciativas futuras. Estabelecer metas numéricas é um passo importante na execução do seu objetivo estratégico.

## 7. QUANTO TEMPO VOCÊ TEM DISPONÍVEL PARA SE DEDICAR À INICIATIVA?

Você pode se dedicar algumas horas por dia? Tem apenas o final de semana? Consegue ajustar sua rotina diária a demandas intermitentes? Analise com clareza e honestidade sua rotina e estabeleça um cronograma. Quando fizer isso, se dedique a ele com regularidade.

## 8. QUAL FORMATO É MELHOR PARA VOCÊ: LOBA/LOBO SOLITÁRIO OU AÇÃO COLETIVA?

Quando se pensa em ativismo político, a ideia de mobilização coletiva fica quase implicada. Porém, ações individuais podem ser tão eficientes quanto e trazem vantagens próprias, como discrição e maior liberdade de ação. Nas páginas seguintes relacionamos algumas iniciativas ideais para serem realizadas de forma individual.

# OBJETIVOS ESTRATÉGICOS: OUTRAS SUGESTÕES

Como falamos acima, avaliar sua capacidade de ação e a relevância ao contexto político são atributos fundamentais para definir seu objetivo.

Além dos exemplos já listados, outros atuais e relevantes são:

- Contribuir com ações de denúncia da desinformação neofascista.
- Mapear amigos despolitizados e convencê-los a votar contra o neofascismo.
- Demonstrar a pessoas sensíveis a questões ambientais a importância de votar contra o fascismo.
- Identificar fóruns de discussão (grupos de WhatsApp/Telegram, caixas de comentários de canais de YouTube, grupos de Facebook etc.) frequentados por pessoas indecisas ou iludidas por discursos negacionistas e atuar para atraí-las para o espectro progressista.
- Convencer as pessoas da sua escola ou universidade que a defesa da Educação e da melhoria do ensino passa pela derrota do fascismo.
- Demonstrar a relação entre o fascismo e o racismo estrutural no Brasil, exemplificando com falas e atos racializados de Bolsonaro.
- Escolher um foco de atuação – grupo de amigos em uma rede social, grupo do bairro etc. – e obter o maior percentual de votação possível para candidatos antifascistas.
- Ampliar a rejeição aos candidatos fascistas e neoliberais nas eleições.

## EXEMPLO PRÁTICO 1: AÇÃO DIRETA (EM NÍVEL PESSOAL)

Imagine o seguinte cenário:

**OBJETIVO ESTRATÉGICO**
Ampliar a rejeição do candidato a presidente de extrema-direita.

**MODO DE ATUAÇÃO**
Coletivo (grupo de cinco amigos).

**REDES DE ATUAÇÃO**
Serviços de mensagem direta (WhatsApp, Instagram, Telegram).

**PÚBLICO-ALVO**
Amigos e conhecidos dos membros do coletivo que votam na direita, no centro, nulo ou estejam indecisos.

**AÇÃO**

Contato direto privado

**META**

60% de rejeição* à candidatura fascista.

* É pouco? É muito? A meta se baseia em uma extrapolação: na hipótese de uma adesão de 60% do eleitorado ao voto antifascista, o candidato em questão seria derrotado eleitoralmente.

**MISSÕES**

1. Numa tabela, liste o maior número de conhecidos dos integrantes do coletivo com inclinação política à direita, de centro, indecisos ou que votem nulo. Suponhamos que o total final seja de 100 pessoas.
2. Ao lado de cada nome, indique a posição de cada um: direita, centro, nulo, indeciso. Caso não tenha certeza, inclua a pessoa mesmo assim e deixe indicado.
3. Peça a cada integrante do coletivo que entre em contato com seus conhecidos e pergunte: a) a opinião dele/dela sobre a candidatura de extrema-direita; b) se haveria algo que poderia levá-lo/a a votar no fascismo.
4. Reorganize a tabela, agrupando as pessoas de acordo com as respostas acima.
5. Faça uma tabela simplificada, quantificando as tendências por grupos e probabilidade de mudança de voto.

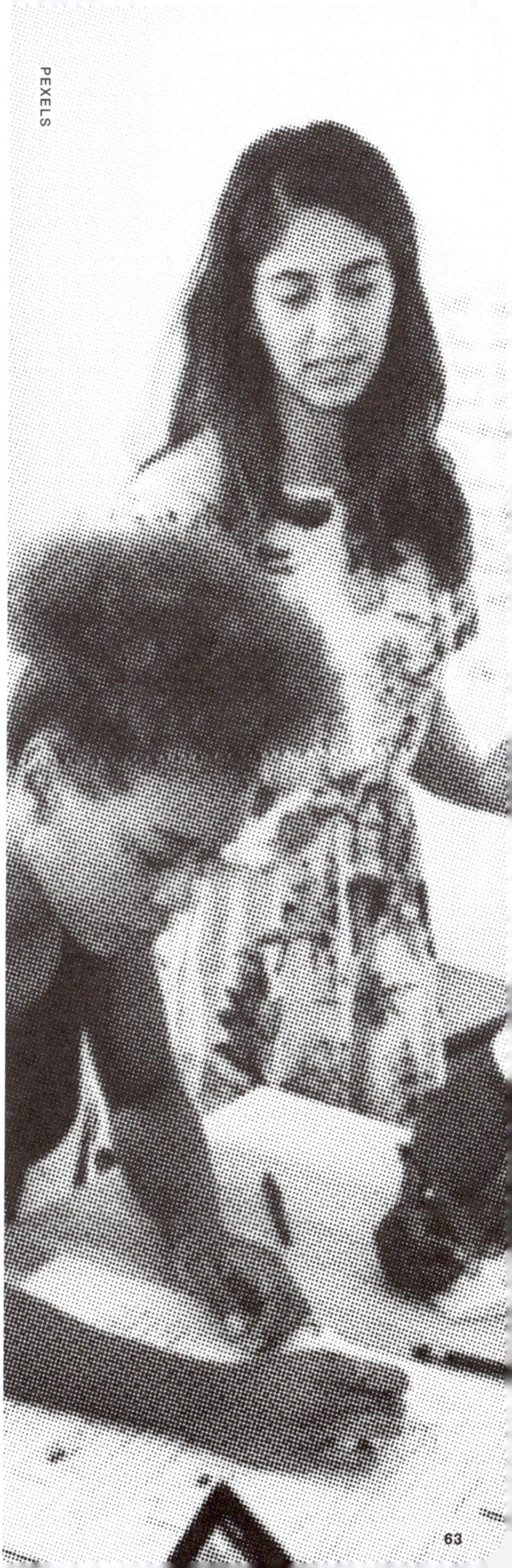

PEXELS

Exemplo:

| **Votam/podem votar no candidato de extrema-direita** | | | |
|---|---|---|---|
| **MOTIVO** | **QUANTIDADE DE VOTOS** | **TENDÊNCIA DE VOTO** | **POTENCIAL DE REJEIÇÃO AO CANDIDATO** |
| Identidade com valores do candidato | 10 | Extrema-direita | Nulo |
| Não vota na esquerda | 13 | Direita | Baixo/Muito baixo |
| Prefere um candidato “moderado” | 40 | Centro | Médio |
| Não vota em ninguém | 7 | Nulo | Médio/alto |
| Está em dúvida/Ainda não decidiu | 30 | Indeciso | Alto |
| **Total** | **100** | | |

6. Ao menos 77 pessoas têm potencial médio ou alto de rejeição ao candidato da extrema-direita. Como esses grupos (identificados aqui como Centro, Nulo e Indecisos, mas você pode usar a nomenclatura que preferir) são mais propensos a votarem contra esse candidato, eles serão nosso público-alvo prioritário. A meta da ação será confirmar essa rejeição em pelo menos 60 nomes desses três grupos.

7. Reúna seu coletivo (de forma presencial ou remota) para discutir os dados e particularidades de cada nome levantado. Tente estabelecer padrões de comportamento para cada grupo: opiniões emitidas, nível de instrução, abertura para o diálogo etc.

8. Levantem informações, dados, atos e declarações do candidato e outros que evidenciem os prejuízos às condições de vida e trabalho que um voto no neofascismo causaria.

9. Desenvolva uma estratégia de abordagem para cada nome do público-alvo e para cada membro do seu coletivo. Inicie conversas e compartilhe conteúdos quando considerar oportuno.

10. Se a pessoa abordada se mostrar pouco disposta a conversar ou mesmo incomodada, passe para o próximo nome da lista.

11. Estabeleça um prazo final para a ação. Não significa que vocês precisem parar de conversar com seus amigos após esse prazo, mas apenas utilizem a data para uma avaliação final dos resultados.

12. Faça reuniões para checagens periódicas com o grupo (sugestão: semanal). Nesses encontros, avaliem a evolução da ação e troquem informações, experiências, dicas sobre abordagens e outros.

13. No dia estabelecido para o encerramento da ação, reúna o grupo novamente e faça um balanço geral: discutam o número de votos conquistados, as dificuldades enfrentadas, iniciativas que deram certo e por quê etc. Qualquer que seja o resultado, comemore!

### DESAFIO

Se o coletivo bater a meta antes, que tal ousar e tentar abordar pessoas dos outros grupos?

## EXEMPLO PRÁTICO 2: AÇÃO DIRETA + INDIRETA (VIA POSTAGENS)

### OBJETIVO ESTRATÉGICO

Conquistar o maior número de votos possível para os candidatos a presidente e governador antifascistas entre seus amigos nas redes sociais.

### MODO DE ATUAÇÃO

Coletivo (grupo de dez amigos).

### REDES DE ATUAÇÃO

Múltiplas redes de compartilhamento em massa (Facebook, Instagram, Twitter, YouTube, TikTok).

### PÚBLICO-ALVO

Amigos e conhecidos dos membros do coletivo que votam na direita, no centro, nulo ou estejam indecisos.

### AÇÃO

Contato direto + série de postagens.

### META

60% de rejeição* à candidatura fascista.

### MISSÕES

1. Reúna o grupo (de forma presencial ou remota) e façam um levantamento de amigas, amigos, seguidoras e seguidores nas redes sociais. Suponhamos que os números, considerando todos os 10 membros do seu núcleo, sejam os seguintes:

   Facebook: 12 mil amigos.
   Instagram: 8 mil seguidores.
   Twitter: 5 mil seguidores.
   TikTok: 3 mil seguidores
   YouTube: 2 mil inscritos.

2. Na listagem, organize os nomes de acordo com o respectivo responsável dentro do coletivo e com o nível de proximidade: muito próximos, pouco próximos e desconhecidos.

3. Para cada membro do coletivo, indique qual a rede (ou redes) com que ele ou ela tem mais familiaridade. Definam também qual a rede principal de atuação do coletivo. A ideia é que os membros tenham liberdade de postarem na rede que utilizam com mais frequência, mas que também haja uma plataforma preferencial para esforços coletivos do núcleo.

4. Vocês também podem criar uma fanpage ou perfil do coletivo; neste caso, é importante elaborar uma estratégia de captação de seguidores.

5. Enviem mensagens para os amigos ou seguidores e façam um levantamento sobre a opinião de cada um a respeito dos governos federal e estadual. Em redes como Facebook e Twitter esse contato é bem fácil; no YouTube, é preciso acessar o painel do seu canal e anotar o e-mail dos inscritos.

6. Exclua da lista os nomes que já definiram seu voto em candidatos progressistas e divida os restantes por grupos de afinidade política: extrema-direita, direita, centro, indecisos, ninguém/nulos.

7. Estabeleçam funções para cada membro do coletivo. Por exemplo:

   **PESQUISADORES** responsáveis por coletar informações sobre os candidatos antifascistas e seus adversários no campo da direita/extrema-direita, como plano de governo, realizações, declarações, posicionamentos e outros.

   **REDATORES** pessoas que vão escrever descrição de posts e títulos para cards (imagens com texto aplicado).

   **DESIGNERS** criadores das artes das postagens. Caso não haja nenhum designer de formação no seu coletivo, há serviços que permitem a criação de cards de forma simples e acessível, como o Canva (mais informações a seguir). Também é possível criar conteúdo apenas em texto ou utilizando as ferramentas de visualização de imagens em links de plataformas como o Facebook e o Twitter.

   **MODERADORES DE COMENTÁRIOS** essa função é das mais importantes. Atribua a alguém a missão de responder comentários e entrar em contato com amigos e seguidores de forma direta (DM, inbox, messenger ou outro). Aqui, importa acolher e informar, e não arrumar briga; por isso, escolham a pessoa mais amigável e equilibrada do coletivo.

   **ANALISTAS DE DADOS E MÍDIA** responsáveis por analisar dados de postagens, como visualizações, curtidas, compartilhamentos, comentários e por impulsionar conteúdos, caso vocês decidam também realizar investimento financeiro nas postagens.

   **PLANEJADORES** integrantes que organizam a estratégia da ação, como data de início e fim, frequência de postagens, modo de distribuição do conteúdo e outros.

   **COORDENADORES** quem organiza a ação, promovendo reuniões, conectando os demais membros, conferindo postagens, estabelecendo objetivos e avaliando resultados, entre outros.

8. Com base nas informações levantadas sobre os candidatos (progressistas e da direita) e nos recortes de público, criem uma série de conteúdos. A criação é o processo que mais toma tempo, por isso tentem criar o máximo possível em um encontro conjunto, com a colaboração de todos e todas.

9. Organizem os conteúdos em um local de acesso coletivo (por exemplo, o Google Slides) e peça ao planejador(a) que organize a distribuição.

10. Cada membro deverá postar os conteúdos nos dias estabelecidos em sua plataforma preferida e na de foco do coletivo. Como nem sempre as postagens alcançam todas as pessoas que seguem vocês (leia mais a seguir), vale muito também enviar os conteúdos via mensagem direta para as pessoas que vocês desejam atingir.

# BOLHAS, MONETIZAÇÃO E MILÍCIAS DIGITAIS: OS DESAFIOS DAS AÇÕES VOLUNTÁRIAS

Os algoritmos de redes sociais distribuem os conteúdos segundo critérios de relevância e afinidade, entre outros. Por isso, é muito comum que suas postagens alcancem apenas pessoas que já pensam como você – a famosa "bolha".

Para piorar, a arquitetura desses algoritmos, como foi sendo observado no decorrer dos anos, favorece sentimentos negativos e tóxicos (ódio, medo, escândalos, xingamentos). Alguns estudos apontam que postagens com esse teor engajam até sete vezes mais do que mensagens com teor positivo ou informativo.[30] Por fim, as plataformas também adotam processos de monetização, mecanismo pelo qual o usuário paga para que suas postagens atinjam mais pessoas.

Assim, para produzir o que você visualiza nas redes sociais (a sua timeline), os sistemas algorítmicos utilizam modelos híbridos de distribuição de conteúdo, combinando postagens pagas e não pagas ("orgânicas"). Nos últimos anos, conteúdos pagos vêm gradualmente ganhando mais destaque, ao passo que a distribuição de postagens orgânicas cada vez mais prioriza produtores de conteúdo com alto potencial de engajamento. Isso tem tornado difícil a vida de criadores de conteúdo com poucos seguidores ou em fase inicial.

Muitas vezes operando por meio empresários neoliberais e outros apoiadores na sociedade civil, políticos e agitadores da extrema-direita utilizam com frequência o impulsionamento pago no Facebook, no Instagram, no Twitter, no YouTube e no TikTok, aumentando ainda mais o alcance das suas postagens.

Além do impulsionamento pago, outra tática comum na estratégia de conteúdo da extrema-direita é o uso de robôs (ou bots) – programas mais ou menos sofisticados de replicação de mensagens, monitoramento de conteúdo e interação automática – e sockpuppets – perfis falsos controlados por

---

30 Ver MUNN, L. "Angry by design: toxic communication and technical architectures". *Humanit Soc Sci Commun* 7, 53 (2020). https://doi.org/10.1057/s41599-020-00550-7. E também SINGER e BROOKING, *LikeWar: The Weaponization of Social Media*. Eamon Dolan/Houghton Mifflin Harcourt (2018)

apoiadores – para inflar artificialmente a aprovação ou rejeição de determinadas postagens.

Essas duas modalidades de contas falsas operam de forma complementar: os bots permitem ações em escala muito ampla, mas são relativamente fáceis de identificar e por isso são constantemente desativados pelas plataformas. Para contornar o problema, as organizações de direita utilizam as chamadas fazendas de likes (ou cliques): sequências de dezenas ou mesmo centenas de aparelhos celulares conectados a redes sociais variadas. Cada aparelho possui contas de vários sockpuppets (perfis falsos), que são acionados manualmente por um ou mais operadores humanos de acordo com o planejamento estabelecido. Por não atuarem de forma automatizada, essas operações são mais difíceis de serem rastreadas.

Militantes feministas, ativistas do movimento negro, defensoras e defensores de direitos humanos, líderes do movimento LGBTQIA+ e bloggers de esquerda, entre outros, têm sofrido ameaças constantes nas redes digitais. Boa parte desses ataques é proveniente de ou passa por essas milícias digitais, enquanto outros são realizados por apoiadores voluntários do presidente Bolsonaro.

Impulsionados por recursos financeiros, apoiadores mobilizados e códigos de programação com uma tendência nativa a recompensar discursos de ódio, negacionismo, teorias da conspiração, fake news e outros recursos obscurantistas, os neofascistas têm ferramentas poderosas a seu favor. Derrotar o fascismo nas redes sociais exige não apenas empenho, mas também desenvolver estratégias eficientes para contornar esses obstáculos.

## AMASSANDO BARRO

Em eras pré-digitais, eram comuns os mutirões de panfletagem da militância política. Reunidos em grupos, ativistas se dividiam e circulavam por regiões estratégicas das cidades, chamando as pessoas nos portões e conversando sobre a importância de votar em determinado candidato. Além de falar, também se ouvia muito: opiniões, reclamações e sugestões eram levadas de volta aos candidatos, transformando-se em propostas de políticas públicas e outras reivindicações. Esse trabalho era conhecido como “amassar barro”.

Décadas depois da revolução digital, a batalha pela opinião pública nas redes é tão importante quanto a que ainda é realizada em corredores de escolas, fábricas, vilas e pontos de encontro deste país assolado por uma pandemia e por uma crise econômica, que se intensificaram ainda mais devido às ações genocidas do governo. Por sinal, importante notar que o presidente fascista nunca amassou barro: sua campanha, estritamente digital, não era orientada pelo acolhimento de reivindicações da população, mas pela mobilização do medo, do ódio e de toda sorte de frustrações.

Amassar o barro em espaços digitais passa por driblar os sistemas algorítmicos das redes sociais, que privilegiam interações tóxicas e postagens pagas. Como nos exemplos das páginas anteriores, é importante combinar contato direto, um a um, com ações em massa: além de puxar conversa via DM/inbox, WhatsApp, Telegram ou Signal, precisamos de iniciativas de produção e distribuição de conteúdo.

Montar redes de produtores, apoiadores e distribuidores de conteúdos também será imprescindível, inclusive para enfrentar ataques dos neofascistas e suas milícias digitais.

Mesmo que alguns de nós possam contribuir financeiramente com a distribuição de conteúdo, não teremos como enfrentar os recursos à disposição dos donos do capital. A maioria dos empresários, ruralistas, banqueiros e especuladores do mercado financeiro seguirão apoiando Bolsonaro.

Porém, a exemplo dos antigos mutirões de amassar barro, ações de coletivos voluntários contam com grande poder de argumentação, força ideológica e paixão. Ocupar redes digitais de forma coletiva é fundamental para desarticular ondas de desinformação, levar fatos às pessoas e executar campanhas de candidatos antifascistas.

Com regularidade, articulação e coordenação, é possível enfrentar a força da grana, o viés algorítmico e a trapaça dos bots e das fazendas de cliques nas redes sociais.

# TÁTICAS E PLANO DE AÇÃO COLETIVA

Para atingirmos os objetivos estratégicos precisamos organizar nossas ações digitais, que chamaremos de movimentos táticos.

Seja qual for a ação que você e seu coletivo escolherem, alguns passos podem ser úteis:

## ORGANIZANDO REUNIÕES

Reuniões são indispensáveis para organizar os movimentos táticos e discutir a linha dos materiais, das conversas, das postagens e avaliar o andamento da campanha.

Encontrar uma plataforma para reuniões que ofereça agilidade e segurança é bastante útil. Uma ótima opção criada pela comunidade de software livre é o Jitsi[31], que pode ser acessado via navegador.

Nele, o usuário cria salas fixas com nomes e distribui o endereço aos participantes. Para evitar invasões de grupos de extrema-direita vale evitar nomes óbvios, ou criar novas salas para cada reunião.

Entre outras vantagens, o Jitsi opera com uma licença permissiva, a Apache 2.0, que oferece amplas possibilidades de utilização e desenvolvimento.

## DEFININDO SEU PÚBLICO-ALVO

Identificar e definir um público-alvo – ou segmento/microssegmento de público – é extremamente importante para estabelecer um diálogo mais direto com desejos e interesses das pessoas que seu coletivo abordará.

Publicitários e sistemas de aprendizado de máquina têm explorado cada vez mais segmentos e microssegmentos da sociedade para extrair padrões de comportamento e otimizar esforços de comunicação.

Você e seu coletivo podem, por exemplo, considerar que o público-alvo da campanha pertence a um determinado segmento socioeconômico. O primeiro passo, que muitas pessoas desconsideram, é entender o comportamento desse segmento nas redes sociais.

31 Acesse em Meet.jit.si.

Determinadas plataformas, sites, perfis e canais atraem mais determinados recortes socioeconômicos do que outros. Por consequência, as classes sociais também se manifestam no ciberespaço a partir de sua visão de mundo, vontades e interesses.

Se queremos interagir com pessoas de segmentos das classes C e D, devemos conhecer condições de acesso, plataformas preferidas e os temas e linguagens que mais as interessam. Se o seu coletivo digital quer se comunicar com o segmento acima, mas decidir concentrar os esforços de campanha no Twitter, a composição não dará certo.

O Twitter é um microblog que tem percentualmente poucas pessoas dos segmentos de baixa renda. A plataforma reúne principalmente formadores de opinião pertencentes às classes A e B, com alguma aderência na C.

Vamos observar os grandes segmentos sociais da Internet no Brasil.

# GRANDES SEGMENTOS SOCIAIS DA INTERNET NO BRASIL

Dados da Pesquisa TIC Domicílios de 2019, realizada pelo Cetic.br, vinculado ao Comitê Gestor da Internet no Brasil.

## POR FREQUÊNCIA DE USO E FAIXA ETÁRIA

**83%** **dos moradores de áreas urbanas acima de 10 anos já acessaram a Internet**

**97%** **de 16 a 24 anos acessam diariamente**

**38%** **acima de 60 anos estão conectados**

**DEMAIS GRUPOS**

| | |
|---|---|
| 74% | 55 a 44 anos |
| 90% | 35 a 44 anos |
| 96% | 25 a 34 anos |
| 92% | 10 a 15 anos |

## POR RENDA

| | |
|---|---|
| **71%** | até 1 salário mínimo |
| **97%** | acima de 10 salários mínimos |

DEMAIS GRUPOS

| | |
|---|---|
| 79% | 1 e 2 salários mínimos |
| 85% | 2 a 3 salários mínimos |
| 89% | 3 a 5 salários mínimos |
| 95% | 5 a 10 salários mínimos |

## POR CLASSE SOCIAL

| | |
|---|---|
| **95%** | Classes A e B |
| **88%** | Classe C |
| **66%** | Classes D e E |

## POR DISPOSITIVO DE ACESSO

| | |
|---|---|
| **41%** | acessam por celular e computador |
| **58%** | apenas pelo celular |
| 79% | entre quem ganha até 1 salário mínimo |
| 67% | 1 a 2 salários mínimos |
| 60% | 2 a 3 salários mínimos |

## POR MEIO DE USO

### E-MAIL

| | |
|---|---|
| **58%** | utilizam |
| **42%** | não utilizam |
| 85% | entre os que completaram ensino superior |
| 39% | entre quem estudou até o fundamental |

### MENSAGENS INSTANTÂNEAS

| | |
|---|---|
| **92%** | utilizam |
| 81% | na faixa dos 10 a 15 anos |
| 83% | entre as pessoas acima de 60 anos |
| 96% | 25 a 34 anos e 16 a 24 anos |

### REDES SOCIAIS

| | |
|---|---|
| **76%** | estão no Facebook e/ou em outra rede |
| **8%** | utilizam microblogues como o Twitter |

# WHATSAPP, FRANQUIA ZERO E FAKE NEWS

## Além de acessar a Internet apenas pelo celular, a maioria dos usuários de baixa renda utilizam planos pré-pagos, nos quais se adquire uma quantidade limitada de megabytes para navegar.

No Brasil, existe ainda a chamada franquia zero: um sistema pelo qual o Facebook custeia o acesso ao WhatsApp nos planos pré-pagos junto às operadoras de telefonia. Com isso, o usuário não gasta a franquia de dados quando usa o aplicativo.

Esse foi um dos fatores que concentraram todas as atenções no WhatsApp a partir de 2018. O expediente adotado pelo Facebook e outras plataformas visa monopolizar as audiências e criar hábitos, com o objetivo de produzir dados em massa para seus algoritmos.

Além de aumentar a distribuição de verbas publicitárias para a plataforma, a prática também influencia grandemente as relações nos estratos mais humildes. O aplicativo é atualmente o principal meio de comunicação entre famílias e amigos, e também ferramenta de negócios para pequenos, micro e grandes comerciantes.

Essa concentração de acessos também amplia as possibilidades de disseminação de peças voltadas à desinformação. Durante o processo eleitoral de 2018, muitas pessoas tentaram contestar fake news postadas em grupos ou enviadas por contatos no WhatsApp com links para reportagens.

Porém, a maioria das pessoas com planos pré-pagos dificilmente clicaria em um link externo, pois isso significaria gastar sua franquia de celular.

É fundamental, portanto, entender que grande parte dos brasileiros não clica em links externos postados em aplicativos de mensagens. Para travar o debate nesses ambientes, é preciso inserir conteúdos diretamente neles – especialmente se o perfil do seu público for de baixa renda.

Outra técnica da extrema-direita é inserir links reais, mas com títulos mentirosos. Os links conduzem a artigos que dizem o contrário do que está escrito, mas os criadores de conteúdo neofascistas contam com o fato de que a maioria dos usuários não vai acessá-los.

Um caso notório em 2021 se deu com a divulgação de uma reportagem da BBC. A postagem no WhatsApp

afirmava que o site jornalístico britânico teria escolhido Bolsonaro como o melhor presidente do mundo no combate à Covid-19.

O artigo, no entanto, dizia o contrário:

**"Em todo o mundo, o Brasil tem o segundo maior número de casos confirmados de Covid, com mais de 12,6 milhões. Apenas os Estados Unidos têm mais. É também o país com o segundo maior número de mortes relacionadas à Covid desde o início da pandemia e suas mortes diárias representam atualmente cerca de um quarto de todas as mortes por coronavírus em todo o mundo."[32]**

A mentira foi reproduzida por bolsonaristas que sabiam se tratar de fake news, mas também por muitas pessoas ingênuas.

---

**32** "Brazil: Political crisis and Covid surge rock Bolsonaro." https://www.bbc.com/news/world-latin-america-56581131 (último acesso: 27.Jan.22)

# A CRIAÇÃO DE PERSONAS

Persona é um termo usado na comunicação para definir personagens fictícios que expressam recortes de público a quem queremos nos dirigir. Criar personas é uma ferramenta útil para orientar táticas e produção de conteúdo do seu coletivo, facilitando o diálogo com seu público-alvo.

Uma persona não é o mesmo que seu público-alvo: este é mais geral e aborda características sociais de uma certa parcela da sociedade. Ou seja, para definir uma persona é preciso primeiro conhecer seu público-alvo.

Vamos a um exemplo prático do público-alvo:

**IDADE** 18 a 24 anos.

**LOCAL DE RESIDÊNCIA** Bairro ou região específica da sua cidade.

**INTERESSES** Funk, futebol, influenciadores do TikTok e Twitch, perfis de humor.

**RENDA** 1 a 2 salários mínimos.

**ESCOLARIDADE** Nível médio.

**DICAS**
Tente reunir mais características desse público: número total estimado de pessoas que o compõem, redes sociais mais utilizadas, orientação sexual e religiosa etc. Procure se concentrar em um público mais próximo de você, com o qual tenha mais familiaridade.

A partir daí tente imaginar como seria uma pessoa bastante representativa desse recorte: suas vontades, interesses, idiossincrasias, angústias, medos e esperanças. Um exemplo:

## PERSONA: FABÍOLA

**IDADE** 24 anos.

**RESIDÊNCIA** Alto da Mooca, Zona Leste de São Paulo.

**EDUCAÇÃO** Acabou de concluir seus estudos em uma faculdade privada.

**EMPREGO** Vendedora de loja de shopping.

**RENDA** 2 salários mínimos + comissão.

**RELIGIÃO** Católica não praticante.

**GOSTO MUSICAL** Sertanejo, funk, pisadinha, pop – música jovem em geral.

**POSIÇÃO SOBRE A PANDEMIA** Tem medo de pegar Covid-19 e perdeu pessoas próximas. É a favor da vacina.

Não tem carro, mas sonha em ter um – desejo que cresceu depois que ela foi vítima de assédio no transporte coletivo. Sonha em morar sozinha ou com amigas, mas a grana ainda não dá. Seus pais são de classe média-baixa e estão empobrecendo.

**ORIENTAÇÃO POLÍTICA** Não se interessa muito. Votou em Bolsonaro.

**MOTIVO** Amigas do trabalho e meninos da faculdade diziam ele iria tirar os ladrões do governo. Gostava das brincadeiras e memes sobre o "mito".

**POSIÇÃO ATUAL** Após a pandemia e a crise, passou a não gostar de discursos radicais.

## PERSONA: PAULO

**IDADE** 20 anos.

**EDUCAÇÃO** Ensino médio não concluído.

**EMPREGO** Ajudante do pai, que é pedreiro. Sonha em mudar de vida.

**INTERESSES** YouTube e games. Não sonha em ter um Playstation 5 devido ao preço.

**POSIÇÃO POLÍTICA** Ainda não votou para presidente nem governador. Não gosta do Doria nem de políticos em geral, que vê como "safados", mas acha Bolsonaro exagerado. Pensa que as pessoas devem trabalhar para obter o que querem. A mãe gosta do Lula, o pai reclamava da corrupção do PT, mas recentemente tem saudades da época em que trabalhava mais.

**A construção de personas serve para compreender como as pessoas representadas por elas se constituem como sujeitos, como pensam suas vidas e como veem o mundo. Com base nesse exercício, seu coletivo pode organizar argumentos e conteúdos em texto, áudio e vídeos que estabeleçam empatia e abordem temas sensíveis ao seu segmento de público. Criar personas tipicamente neofascistas também pode ser útil, seja para falar diretamente com esse público ou para ilustrar pontos específicos junto à sua audiência.**

# CRIANDO LISTAS DE ARGUMENTOS

Convencer pessoas é a parte mais decisiva e difícil de uma campanha. Alguns privilegiados têm talento natural para a função, mas a maioria de nós reles mortais esbarra nos mesmos obstáculos: timidez, impaciência, dificuldade de argumentação e outras incertezas sobre qual a melhor abordagem.

Isso não pode ser motivo para evitar o chamado corpo a corpo – é perfeitamente possível exercer um papel relevante de convencimento com estratégias simples.

Uma delas é organizar uma lista de argumentos. Sua lista pode ser dividida por diferentes abordagens, como por exemplo definir as qualidades do candidato antifascista. Algumas questões básicas vale a pena responder são:

- Como o candidato pode ajudar na reconstrução do país, estado ou município?
- Quais atributos dele são importantes para o momento histórico atual?
- Quais os pontos mais importantes do seu programa de governo?
- Quais declarações ou entrevistas do candidato apontam rumos importantes para o momento?
- Quais desses tópicos mais dialogam com as expectativas do público junto ao qual seu coletivo irá atuar?

- Outra linha de abordagem útil é mostrar como o fascismo criou novos problemas sociais ou agravou os já existentes. Por exemplo:
- A liberação de armas não diminui a violência e nem aumenta a segurança (em uma busca rápida na rede é possível encontrar dezenas de dados confiáveis que comprovam isso).
- Reduzir a massa salarial e direitos sociais não combate o desemprego. O raciocínio aqui é bastante simples e lógico: quanto mais as pessoas recebem direitos sociais, mais sobra para o consumo, e com o aumento do consumo a atividade econômica aquece, gerando mais empregos.
- Bolsonaro ampliou e enrijeceu sua postura negacionista na pandemia: defendeu aglomerações, atacou as medidas de isolamento, atrasou o

quanto pode a aquisição de vacinas e adotou outras posturas que fizeram explodir o número de vítimas fatais entre os mais pobres e mais frágeis. Não é por menos que sua postura recebeu o nome de genocida: nada que fez foi por engano. Atacar a vacina contra a Covid-19 é uma linha da extrema-direita mundial.

- A concentração de riquezas nos estratos mais ricos não provoca um "efeito cascata natural" para as camadas inferiores. A única forma de garantir esse feito é com políticas de transferência de renda para camadas médias e pobres. No governo Bolsonaro, os ricos ficaram mais ricos e os pobres mais pobres (veja box adiante).

- O bolsonarismo controla um orçamento de mais de R$ 1 trilhão, mas continua culpando STF, governadores, prefeitos, congresso, governos anteriores e quem mais puder para não assumir responsabilidades. Para dialogar com quem foi influenciado por argumentos neofascistas, é preciso divulgar a verdade: um presidente tem muito poder, nomeia ministros, edita decretos e controla a política econômica, que influencia diretamente o preço da carne, do gás, dos combustíveis[33]. Em 2022, enquanto este livro foi finalizado, o mundo vivia um ciclo de crescimento e novo boom de commodities. Mesmo assim, as projeções indicavam que o Brasil teria o terceiro pior PIB do mundo[34]. Será coincidência?

**LEMBRETES IMPORTANTES**

A ação de convencimento e o debate racional deve se basear em fatos, em elementos contextualizados, nunca em desinformação.

Pense e escreva em linguagem acessível – um exercício muito útil nesse sentido é ler seus textos para algumas pessoas e reparar a reação delas. Tente descobrir o que elas gostaram ou não gostaram, o que compreenderam e o que não ficou claro.

Temos que atuar no campo das emoções, dos afetos e da razão. O fascismo histórico e o neofascismo atuam fundamentalmente com a irracionalidade, mas uma pessoa que ganha a vida com seu próprio trabalho sabe que o ódio não coloca comida na mesa. É preciso combinar propostas com gentileza.

PEXELS

33 Ver: https://g1.globo.com/economia/noticia/2021/09/09/inflacao-em-2021-etanol-gasolina-e-diesel-estao-entre-itens-que-mais-subiram-no-ano-veja-lista.ghtml (último acesso: 27.Jan.22)

34 Fonte: https://noticias.uol.com.br/colunas/jamil-chade/2022/01/13/brasil-tera-3-pior-taxa-de-expansao-real-do-pib-no-mundo-em-2022-diz-onu.htm (último acesso: 27.Jan.22).

# CONCENTRAÇÃO DE RENDA E FOME NO BRASIL DE BOLSONARO: O MITO DA "TRICKLE DOWN ECONOMY"

Um dos dogmas fundadores do neoliberalismo é o de programas governamentais de transferência de renda são ineficazes e injustos. Para os ideólogos da doutrina, basta garantir o acúmulo de capital no topo, que a riqueza naturalmente será dividida para as camadas inferiores – é a famosa "trickle down economy", ou economia em cascata.

Enquanto malabaristas intelectuais tentam transformar ideologia em leis da natureza, a realidade mostra outros dados.

A ascensão do fascismo foi como puxar a tomada e desligar tudo que fazia do Brasil um país. Derrotar o vírus do bolsonarismo e suas variantes é o primeiro passo para voltar a ter um país minimamente funcional: recuperar o emprego, reerguer a educação, retomar o caminho do desenvolvimento em um mundo cada vez mais digital, proteger nossa diversidade biológica e nossos ecossistemas e voltar a incentivar a nossa cultura extremamente rica.

MÍDIA NINJA

## PATRIMÔNIO DOS 42 BILIONÁRIOS BRASILEIROS*

**+ 48 BILHÕES**
de dólares em 4 meses

## FOME NO BRASIL**

**116,8 MILHÕES** 55% DA POPULAÇÃO
sofreram algum tipo de insegurança alimentar

## ENQUANTO ISSO, NO RESTANTE DO MUNDO*** DURANTE A PANDEMIA DE COVID-19

**BILIONÁRIO** novo a cada **26 HORAS**

**MORTE** devida à desigualdade a cada **4 SEGUNDOS**

**99%** da humanidade ficou **MAIS POBRE**

**60 MILHÕES** empurrados para a **POBREZA**

**0 MAIS RICOS** do mundo **DUPLICARAM SUA RIQUEZA**

* Fonte: Relatório Oxfam Brasil, com dados da revista Forbes. Disponível em https://www.oxfam.org.br/noticias/bilionarios-da-america-latina-e-do-caribe-aumentaram-fortuna-em-us-482-bilhoes-durante-a-pandemia-enquanto-maioria-da-populacao-perdeu-emprego-e-renda (última consulta: 25.Jan.22).

** Fonte: Levantamento da Rede Brasileira de Pesquisa em Soberania e Segurança Alimentar e Nutricional (Rede Penssan). Disponível em https://www.poder360.com.br/brasil/mais-de-20-milhoes-passam-fome-no-brasil-e-favelas-dobraram-em-10-anos/ (último acesso: 25.Jan.22).

*** Fonte: https://www.oxfam.org.br/noticias/um-novo-bilionario-surgiu-a-cada-26-horas-durante-a-pandemia-enquanto-a-desigualdade-contribuiu-para-a-morte-de-uma-pessoa-a-cada-quatro-segundos/ (último acesso: 26.Jan.22).

# PRODUZINDO POSTS

Transformar informações, questionamentos e reflexões relevantes em conteúdos acessíveis para o seu público-alvo é uma das partes mais cruciais – e também mais gratificantes – de uma campanha.

Entre os formatos mais engajadores estão memes (ou cards) e vídeos curtos. Tanto em um como em outro, a regra é simples: quanto mais didático e contundente, melhor. Abuse de imagens populares e textos em letras grandes, escritos com simplicidade e clareza.

## PLATAFORMAS DE CRIAÇÃO ONLINE

Para quem não tem familiaridade com a criação de conteúdo diário para redes sociais, criar cards – posts que combinam imagem, texto e elementos gráficos – ou vídeos pode parecer um bicho de sete cabeças.

Mas não é preciso saber usar Photoshop ou FinalCut para criar uma campanha: hoje em dia, programas online e aplicativos para celular tornam essa tarefa muito mais simples.

### Editores de imagem

Entre os serviços mais famosos de edição de imagem atualmente estão o Canva, o Figma, o Lunacy, o Sketch e o Socialsizes.[35] Todos são bem mais fáceis de usar do que editores tradicionais e permitem colaboração em equipe; alguns ainda oferecem formatos predefinidos (templates) que você pode adaptar para usar como preferir.

O Canva é o mais popular; Figma e Sketch são os que apresentam mais ferramentas mas exigem um pouco mais de habilidade do usuário. De todos, o Lunacy é o que tem a licença de uso mais ampla e oferece mais possibilidades de uso gratuito (o app é 100% de graça), além de ser bem prático de utilizar no celular.

35 Respectivamente: Canva.com, Figma.com, Icons8.com.br/Lunacy, Sketch.com e Socialsizes.io.

## Editores de vídeo e áudio

Impulsionados por plataformas como o TikTok e o Reels, os vídeos curtos se tornaram um tipo de conteúdo altamente viral e popular, especialmente entre públicos mais jovens. A popularização do formato está diretamente associada à oferta de aplicativos de edição para celular: há dezenas de opções que facilitam muito o trabalho dos criadores e oferecem boa variedade de recursos, de forma gratuita e sem a necessidade do uso de um computador.

O CapCut foi desenvolvido pelos donos do TikTok e é um dos mais utilizados pelos usuários dessa rede; o InShot é muito difundido entre os que preferem o Reels (mas ambos podem ser usados para qualquer rede). Os dois apps são gratuitos, mas o segundo tem ferramentas acessíveis apenas mediante compra. Movavi, Videoshop e Videoshow são outros nomes populares.

# IDEIAS E INFORMAÇÕES PARA CONTEÚDO

A partir de março de 2021, uma série de peças que circularam na Internet incomodou em especial o bolsonarismo. Com artes inspiradas em cartazes de supermercado e um trocadilho sagaz, a campanha "Bolsocaro" furou a lógica de desinformação da extrema-direita e se comunicou diretamente com a realidade dos brasileiros.

- Arroz Pacote de 5 kg – R$ 40,00.
- Gás de cozinha – botijão 13 kg – R$ 105,00.
- Carne por R$ 70,00 o kg – Essa conta não é nossa!
- Gasolina R$ 5,80 o litro.
- Bolsocaro. Tá muito caro. Tá na conta do Bolsonaro.

MÍDIA NINJA

Expor fracassos em promessas eleitorais é sempre uma abordagem eficiente e de fácil apuração. Alguns exemplos martelados à exaustão durante as eleições em 2018:

- O dólar ficaria abaixo de R$ 2.
- A gasolina voltaria a custar menos de R$ 2,50.
- O botijão de gás não passaria de R$ 35.

A saúde também foi um tema central nos últimos anos, e várias decisões políticas na área impactaram diretamente a vida dos brasileiros, como:

- Retirar dinheiro do SUS para aumentar rendimentos dos militares.
- Deixar de gastar recursos autorizados pelo Congresso Nacional no combate à pandemia de Covid-19.

**"O governo federal deixou de gastar R$ 80,7 bilhões do orçamento destinado a conter os efeitos da pandemia em 2020, apesar da gravidade da crise sanitária e social instalada no país desde a chegada do novo coronavírus. Isso equivale a 15% do total dos recursos gastos neste fim e, para efeitos de comparação, daria para financiar dois programas Bolsa Família por um ano[36]."**

36 "Um país sufocado – balanço do Orçamento Geral da União" (INESC, 2021, pg. 20 e 21). O INESC é uma organização não governamental fundada em 1979 que atua para simplificar o entendimento do orçamento público pela população.

Desigualdade racial também foi uma área de retrocessos enormes em tempos recentes, e é um tema que sempre suscita grande mobilização em redes sociais.

Além de questões relacionadas a direitos civis e humanos, os dados também comprovam que a população negra foi a mais afetada pela crise econômica e pela tragédia sanitária da pandemia.

**"Nós estamos num governo de extrema-direita, fascista em que a política adotada é de extermínio da população negra e favelada. E isso a gente pode ter a constatação na pandemia, por exemplo, a relutância que o governo teve para implementar o auxílio emergencial. A fome tem cor e classe social, ela é preta e favelada. (...) A gente constata que 67% do usuário do SUS são negros e negras. A educação pública, postos de saúde, serviços públicos são mais utilizados por negros e negros. Quando a gente tem uma reforma que visa acabar com o serviço público, estes serão os maiores atingidos."[37]**

**IVANILDA REIS**, coordenadora do SINTUR-RJ e do coletivo Travessia.

Entre os dados mais relevantes relacionados ao tema estão:

- Ações de combate ao racismo e promoção de desigualdade racial estão sendo sucateadas desde 2019. Os investimentos do governo federal sofreram um corte de 70% apenas naquele ano, de acordo com dados públicos do Ministério da Economia[38].
- Os ataques contra direitos dos trabalhadores via reformas trabalhista e previdenciária afetam diretamente a população negra, maioria entre os trabalhadores brasileiros. Medidas de desmonte do Estado, como a PEC do teto de gastos, afetam diretamente a maioria da população negra.
- O Estado tem caminhado na contramão da garantia de direitos das comunidades quilombolas. Dados da Fundação Cultural Palmares mostram que, em 2018, foram emitidas mais de 200 certidões; em 2019, foram emitidas 56; em 2020, até outubro, apenas 21 certidões foram concedidas[39].
- O setor mais afetado pela ausência de políticas econômicas é o grupo de mulheres negras. São elas que giram a economia brasileira e são muitas vezes a fonte de renda das famílias[40].

---

37 Fonte: pe.cut.org.br/noticias/a-luta-pela-eliminacao-da-discriminacao-racial-em-tempos-de-retrocesso-racista-a22d (acessado em 3.Fev.2022).

38 Fonte: sinditest.org.br/dia-nacional-da-consciencia-negra-sinditest-pr-convida-categoria-a-refletir-impacto-do-governo-bolsonaro-na-desigualdade-racial (último acesso em 3.Fev.2022).

39 Fonte: br.boell.org/pt-br/2021/03/01/comunidades-remanescentes-de-quilombo-no-brasil-resistencia-continua-ser-palavra?dimension1=webdossie-bolsonaro (acessado em 3.Fev.2022).

40 Fonte: cnnbrasil.com.br/nacional/estamos-piores-do-que-ha-um-ano-diz-jurista-sobre-situacao-dos-negros-no-brasil (acessado em 3.Fev.2022).

- Os poucos negros que conseguem ocupar posições políticas também sofrem ameaças constantes. Marielle Franco pagou com a própria vida e quadros como o vereador do Paraná Renato Almeida Freitas também foi ameaçado de morte por policiais. Nos últimos anos, os partidos progressistas têm avançado na conquista de espaço para representantes negros e negras, e é fundamental seguir fortalecendo essas bancadas.

A questão ambiental é outro tópico sensível, que tem apelo especial entre segmentos mais escolarizados e de alta renda, muitos dos quais apostaram no bolsonarismo e se arrependeram.

Seu coletivo pode encontrar e organizar com facilidade reportagens que demonstram a ampliação da devastação da Amazônia e de diversos ecossistemas no país.

Outros tópicos interessantes de abordar sobre o tema:

- Ricardo Salles foi escolhido para o Ministério do Meio Ambiente por ser um ruralista contrário ao Código Ambiental, desgostoso com a fiscalização do Ibama – ele próprio já fora condenado por improbidade administrativa[41].

41 Mais informações em noticias.uol.com.br/meio-ambiente/ultimas-noticias/redacao/2018/12/19/futuro-ministro-ricardo-salles-e-condenado-em-acao-de-improbidade.htm (última visita: 1.Fev.22).

- Dados orçamentários comprovam a queda no financiamento da fiscalização e no desmonte de órgãos como Ibama e ICMBio[42].
- A devastação das florestas, em especial na Amazônia e no Pantanal, aumentou exponencialmente[43].
- Cresceu o número de invasões a reservas e terras públicas por grileiros, madeireiros e garimpeiros[44].

Para além desses exemplos, a ascensão da extrema-direita tem sido marcada por abusos em várias outras áreas, como direitos LGBTQIA+, direitos das mulheres, direitos humanos, educação e cultura.

**Reúna o seu coletivo, escolham os temas com os quais vocês mais se identificam e organizem todo material de pesquisa que conseguirem. Vocês vão se dar conta muito rápido de como todos esses temas estão interligados de como é fundamental uma ação coordenada de toda frente progressista para derrotar o fascismo nas urnas.**

---

**42** Veja mais em dw.com/pt-br/corte-de-verba-reforca-desmonte-da-fiscalizacao-ambiental-no-brasil/a-57327500 (última visita: 1.Fev.22).

**43** Saiba mais: cnnbrasil.com.br/nacional/desmatamento-na-amazonia-em-2021-e-o-maior-dos-ultimos-10-anos (última visita: 1.Fev.22).

**44** Para mais informações, consulte congressoemfoco.uol.com.br/temas/meio-ambiente/grilagem-amazonia-desmatamento (última visita: 1.Fev.22).

# ANTIFASCISTA SEGUE ANTIFASCISTA

Uma das práticas que devemos incentivar e organizar em todas as redes sociais online é a de seguir e aumentar a visibilidade de coletivos e pessoas antifascistas. Pessoas antifascistas têm tendência a agirem com mais reflexividade e cautela do que a extrema-direita. Por isso, em geral, evitamos comportamentos como curtir ou replicar em massa mensagens de perfis e organizações que seguimos ou respeitamos.

Porém, é essencial estar disposto a curtir e replicar mais conteúdos antifascistas nas redes: isso aumenta a força de nossos coletivos e militantes, amplia a distribuição de mensagens e permite enfrentar o peso do impulsionamento pago, dos bots e das fazendas de cliques da extrema-direita.

Os algoritmos das plataformas que buscam a monetização não podem bloquear totalmente mensagens de quem não paga para distribuí-las. Por isso, quanto mais seguidores uma liderança antifascista possui, mais pessoas lerão suas postagens – e não apenas seus seguidores.

Opiniões de militantes e coletivos antifascistas podem ser curtidas e seus perfis deveriam ser seguidos por todas e todos que lutam pela democracia e pela distribuição real de riqueza e poder.

# HASHTAGS: FORTALECENDO AS ONDAS ANTIFASCISTAS

Ondas de replicação ou de compartilhamento de frases, palavras com grande significado político imediato e hashtags são importantes por mostrar indignação, força e adesão a determinadas causas ou ideias.

Uma hashtag pode divulgar uma proposta política, uma ação, convocar um ato, se contrapor a uma ideia reacionária dos fascistas ou denunciar uma ação neoliberal, entre outras tantas possibilidades.

A hashtag representa uma ação imediata e uma palavra de ordem; porém, mais do que isso, se trata de uma ferramenta técnica: quando adicionamos o símbolo # à frente de um termo, ele se torna imediatamente um filtro para um assunto específico e um indexador para os sistemas algorítmicos.

A extrema-direita contrata com frequência pessoas, bots e sockpuppets para acompanhar a formação, a subida e a descida de hashtags. Assim, pegam carona em temas de esportes, entretenimento, notícias e até em conteúdos criados pela esquerda. Com ações coletivas coordenadas, acompanham as hashtags com frases que muitas vezes distorcem seu objetivo inicial.

Precisamos nos preparar para acompanhar os temas mais comentados no momento, não apenas no campo político. Vale criar sistemas de alerta e abusar do boca a boca para mobilizar parceiros e assim participar ativamente de momentos importantes nas redes.

Coletivos antifascistas e apoiadores de candidaturas democráticas podem combinar horários para "bombar" uma hashtag no Twitter e em outras redes – um momento em que todos juntos publicam frases e imagens com a mesma hashtag. Às vezes a ação simples de algumas pessoas pode chamar a atenção de outros e criar uma onda que alcança os Trending Topics.

Da mesma forma, também é importante apoiar campanhas com hashtags de candidatos, partidos e movimentos antifascistas. Para não perder a onda, fique sempre de olho nos movimentos das redes, dos seus perfis preferidos e nos temas do momento.

# FAÇA UM DIÁRIO DE CAMPANHA!

## Registrar atividades, adesões, eventos, conquistas e ideias do coletivo no decorrer da campanha é uma atividade extremamente útil. Além de organizar e divulgar suas ações, um documento desse tipo pode ser importante para a história da luta antifascista.

A redação de um diário é também um modo de produzir sua campanha. Nele você pode exercitar análises e textos criativos sobre fatos do país, do seu estado, cidade ou bairro – declarações importantes de figuras públicas, denúncias, propostas etc.

Também vale a pena registrar ações do bolsonarismo, estabelecendo paralelos com as promessas do movimento em um passado recente. Por exemplo, no dia 17 de dezembro de 2020, o presidente atacou a compra das vacinas da Pfizer – entre outros, com a infame frase "se tomar vacina e virar jacaré não tenho nada a ver com isso"[45].

Sem entender nada sobre imunização, deixa claro que rejeitou a compra de vacinas em 2020. É evidente que teríamos salvo milhares de vidas se a luta contra a vacina não fosse uma bandeira política da extrema-direita.

Depois que a vacinação se consolidou no Brasil e no mundo, o bolsonarismo passou a jogar com a contradição e a desinformação que lhe são características, ora atacando as vacinas, ora exaltando Bolsonaro como responsável pela imunização dos brasileiros. Seu coletivo pode aproveitar todos os dias 17 de dezembro como um memorial da campanha pela vacina, pontuando a omissão do governo e a verdade dos fatos.

Vamos conferir alguns formatos e ângulos para organizar um diário eficiente e produtivo.

45 Vídeo disponível em youtube.com/watch?v=IBCXkVOEH-8 (acesso em 4.Fev.22).

## POR QUE TER UM BLOG OU SITE PRÓPRIO

As plataformas de relacionamento online concentram as atenções na Internet atualmente, e as gigantes de tecnologia e mídia que controlam esses serviços têm liberdade quase absoluta de definir suas políticas de uso.

Não foram poucas as vezes em que as plataformas cercearam ou mesmo bloquearam conteúdos de esquerda – um caso famoso foi a limitação ao alcance de postagens contrárias à perseguição a Julian Assange, do Wikileaks[46].

Depois de anos de denúncias de usuários, críticas de jornalistas e pesquisadores, processos na justiça e por fim a adoção de políticas públicas por alguns países (em especial no bloco europeu), as plataformas têm implementado mudanças em seus sistemas algorítmicos e excluído conteúdos do radicalismo fascista.

Esses ajustes, ainda que tardios e insuficientes, são um primeiro passo importante. Porém, segue sendo problemático depositar em empresas que visam lucro econômico a confiança e o direito de agirem como juízes da opinião pública.

Nesse contexto, os blogs seguem sendo uma alternativa segura para evitar armadilhas monopolistas. Criar um destino independente é interessante não pela audiência – sites e blogs têm bem menos visitas do que redes sociais –, mas para manter à mão e à disposição do público um repositório organizado de conteúdo, com autonomia e segurança diante das plataformas

O melhor serviço para a criação de um blog é o WordPress, que oferece uma vasta gama de ferramentas e opera em código aberto, permitindo tanto a criação de blogs básicos e gratuitos como de sites mais elaborados. Configurar um blog é bastante simples, e há dezenas de tutoriais em texto e vídeo na rede com dicas úteis para tirar o máximo do seu.

## PARA ALÉM DOS BLOGS: O MUNDO DOS PODCASTS

Um diário pode ter diversos formatos e pode inclusive ser sonoro. Os podcasts explodiram no Brasil a partir de 2018 e são uma boa opção para registrar análises e ações do seu coletivo.

Seu coletivo pode escolher fazer um podcast apenas em áudio ou em áudio e vídeo; e também pode produzir o programa ao vivo ou de modo pré-gravado.

Plataformas como o Anchor combinam ferramentas de gravação, edição e distribuição gratuitas para programas em áudio. Um programa bastante popular de gravação também é o Zencastr, que grava os áudios diretamente no computador dos participantes e por

46 Para mais informações, consulte mintpressnews.com/reporters-claim-facebook-is-censoring-information-on-julian-assange-case/271773/ (acesso em 4.Fev.22)

isso contorna problemas relacionados a eventuais instabilidades de conexão.

O Zoom é um programa prático para pré-gravar podcasts em vídeo. Formatos ao vivo também são bastante populares e atraem criadores por exigir menos em termos de estrutura e pós-produção. O YouTube segue sendo a principal rede para vídeos ao vivo, mas o Instagram também possui uma ferramenta de lives bastante prática, que ganhou tração desde o começo da pandemia. Para públicos mais jovens, a Twitch tem sido um destino altamente procurado[47].

Se você não se sentir à vontade com nenhuma dessas opções, é perfeitamente possível gravar conteúdos relevantes e engajadores simplesmente via áudios de WhatsApp! Nos últimos anos, viralizaram áudios do personagem Mano do Zap, criação do podcaster Marko Mello. Inspirado no rapper Mano Brown, o Mano do Zap comenta fatos políticos e divulga eventos progressistas em tom bem humorado e engajador, com o inconfundível bordão "Vamo acordá!".

Nesse formato mais curto, o que vale é ser criativo, ensaiar bem as falas e dar asas ao seu lado bem humorado – que, por sinal, é uma ferramenta política poderosa.

## O PODER POLÍTICO DO HUMOR

Humor e política provavelmente estão conectados desde que o *Homo sapiens* passou a articular ideias. No decorrer de 25 séculos de história, peças satíricas em formato de charge, tiras, programas de TV ou rádio e outros tiveram papel central nas disputas políticas humanas.

Muitas pessoas têm o dom do humor e sabem contar histórias engraçadas. Se esse for o seu caso, ou de alguém do seu coletivo, sua campanha e seu diário podem e devem investir nesse estilo.

Hoje em dia, além dos formatos citados acima, ativistas e campanhas políticas têm tido muito sucesso com o uso de memes. A campanha de Guilherme Boulos à prefeitura de São Paulo foi um grande exemplo recente da abordagem. Com linguagem inspirada no universo dos games e memes do dia a dia, o conteúdo conseguiu responder a temas do momento em tempo real e teve papel importante na impressionante ascensão do candidato.

Os canais de Flavio Dino, atual governador do Maranhão, são outro esforço bem-sucedido em comunicar temas sérios em formato de memes. A campanha de vacinação para a Covid-19, protagonizada pelo personagem "Miranha" (versão abrasileirada do Homem-Aranha) teve repercussão nacional.

---

47 Respectivamente, Anchor.fm, Zencastr.com, Zoom.us e Twitch.tv.

Peças de campanhas digitais de Guilherme Boulos (2020) e Flávio Dino (2021).

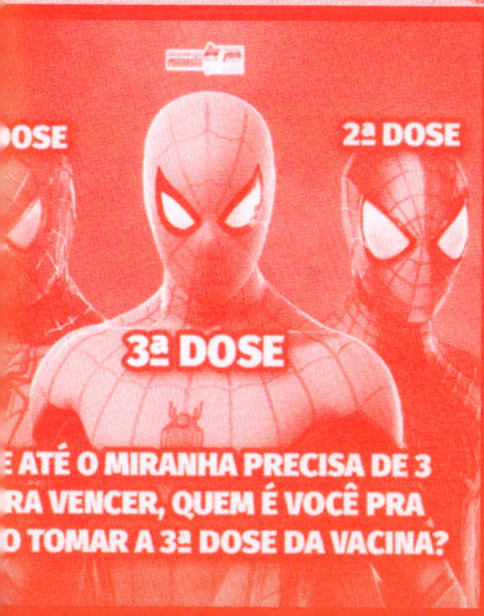


# IRONIA E CULTURA TROLL, O LIMITE DO HUMOR POLÍTICO?

Outra inspiração cômica é o perfil do Coronel Siqueira no Twitter (@ direitasiqueira). No dia 30 de julho, ele publicou o seguinte tweet:

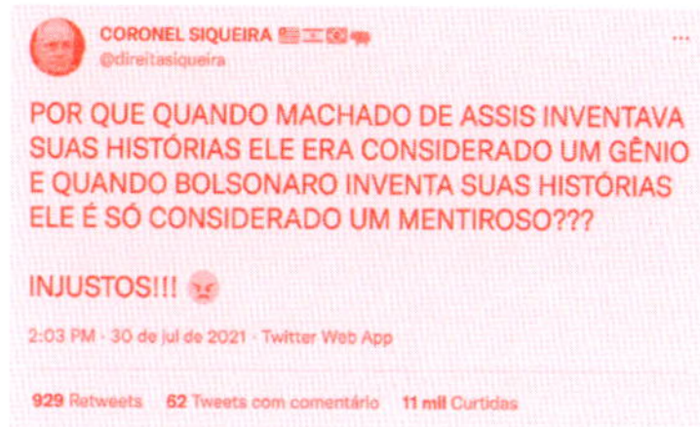
CORONEL SIQUEIRA
@direitasiqueira

POR QUE QUANDO MACHADO DE ASSIS INVENTAVA SUAS HISTÓRIAS ELE ERA CONSIDERADO UM GÊNIO E QUANDO BOLSONARO INVENTA SUAS HISTÓRIAS ELE É SÓ CONSIDERADO UM MENTIROSO???

INJUSTOS!!!

2:03 PM · 30 de jul de 2021 · Twitter Web App

929 Retweets 62 Tweets com comentário 11 mil Curtidas

O Coronel faz sucesso entre a esquerda com posts histriônicos de teor irônico, parodiando uma figura militar ficcional. Existe, porém, um ponto importante a considerar em relação à ironia: esse recurso cômico sofisticado é essencialmente problemático em redes sociais.

O fenômeno é sintetizado pela Lei de Poe, um adágio da cultura online que articula a dificuldade de compreensão de paródias sem uma sinalização clara do autor. Ryan Milner, professor de comunicação na Universidade de Charleston (Carolina do Sul/EUA), comenta a respeito em seu livro The Ambivalent Internet:

> **“[Em redes sociais,] a menos que haja um indicativo óbvio da intenção da outra pessoa, é difícil dizer ao certo qual é a intenção dela. Ela pode estar de brincadeira, mas pode estar falando sério. E pode ser uma mistura dos dois[48].”**

Além de muita gente simplesmente não conseguir detectar quando um post é irônico, a extrema-direita tem sido muito eficiente em usar a ironia diretamente contra seu emissor. O exemplo mais clássico foi o da apropriação do meme Pepe The Frog: criado pelo cartunista Matt Furie, o sapo era um personagem simpático das redes até que foi apropriado pelos criadores de memes em fóruns como o 4chan.

Inicialmente como forma de provocar as convenções “politicamente corretas”, o sapinho passou a ser caracterizado com símbolos nazistas e a propagar imagens antissemitas e contra minorias. Com o tempo, se tornou um símbolo poderoso da extrema-direita e foi amplamente utilizado na campanha de Donald Trump à presidência em 2016. O personagem foi incluído na lista de símbolos extremistas pelo site Anti-Defamation League.

---

48 MILNER, Ryan M. e PHILLIPS, Whitney. *The Ambivalent Internet:* Mischief, Oddity, and Antagonism Online (Polity, 2017). Citada a partir de theguardian.com/technology/2017/may/23/alt-right-online-humor-as-a-weapon-facism (acesso em 4.Fev.22).

# E OS MILITARES?

## O bolsonarismo foi também um fenômeno de reocupação em massa de espaços de poder pelos militares. O movimento foi marcado por um avanço significativo na obtenção de regalias e privilégios, dentre as quais:

**6.157 MILITARES**
**da ativa e da reserva nomeados para cargos civis no governo**[49]

**R$ 19,3 BILHÕES**
**gastos com pensões a dependentes de militares**[50]

**R$ 4 BILHÕES**
**recebidos por generais anualmente do governo**[51]

No curso do governo alguns desses generais entraram em rota de colisão com membros do núcleo duro do bolsonarismo – em especial Carlos Bolsonaro, o Carluxo – e foram sacados. O primeiro foi o general Santos Cruz, figura muito respeitada na instituição. Apesar dos atritos frequentes, porém, os generais seguiram dominando centenas de cargos na máquina estatal.

Para caracterizar esse grupo político organizado das forças armadas, o coronel Marcelo Pimentel cunhou o termo "Partido do Exército". Em entrevista à Carta Capital em maio de 2021, ele definiu esse agrupamento de generais como:

**"Um grupo coeso, hierarquizado, disciplinado, com algumas características autoritárias e claras pretensões de poder político, dirigido por um núcleo de generais formados nos anos 1970 na Academia Militar das Agulhas Negras, que integraram ou integram o Alto-Comando do Exército."**[52]

49 Entre a posse de Jair Bolsonaro e julho de 2020, segundo levantamento do Tribunal de Contas da União (TCU).

50 Dados do relatório da Controladoria-Geral da União (CGU) divulgado em 27 de junho de 2021, por meio do Portal da Transparência.

51 Ibidem.

52 Fonte: cartacapital.com.br/politica/o-brasil-e-refem-do-partido-militar-diz-coronel-reformado (último acesso em 8.Fev.2022).

Inúmeras vezes, esse grupo de generais que compõem o chamado "Partido Militar" fez ameaças à democracia. No ano da campanha, na iminência de um possível habeas corpus que garantiria a candidatura de Lula, o então chefe do Exército, General Villas Boas, ameaçou o STF por meio de um tuíte.

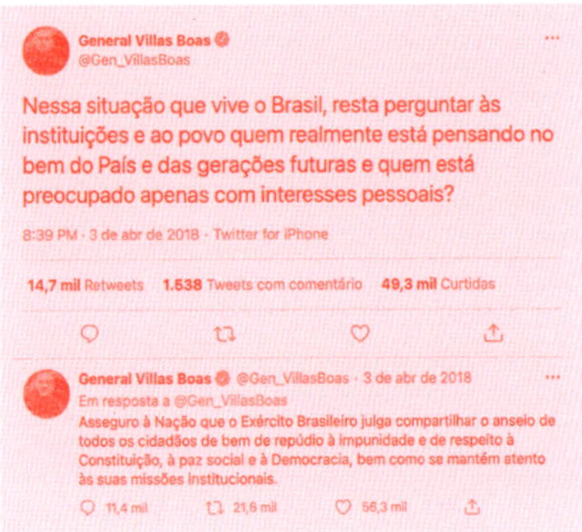


Para bom entendedor meia palavra basta – e bastou. Lido por William Bonner com voz embargada no Jornal Nacional, o gesto de intimidação se somou à avalanche de ações coordenadas pela direita que tinham então o mesmo objetivo: garantir que Lula não disputasse as eleições.

## O golpismo militar de guerrilha em dois momentos:

**No Atentado ao Riocentro (30 de abril de 1981), os militares tentaram explodir bombas em um show comemorativo do Dia do Trabalhador. O ato terrorista fracassado acabou matando um militar, ferindo outro e jogando a pá de cal no decadente governo Figueiredo, o último da ditadura.**

**Em 1937, os militares forjaram um documento falso de um plano comunista para tomar o poder. Conhecido como Plano Cohen, a ação visava a instauração da ditadura do Estado Novo, em novembro daquele ano.**

O fantasma do golpismo militar tem sido uma eminência parda de preocupação crescente desde o impeachment da ex-presidenta Dilma Rousseff, em 2016. Apesar de declarações republicanas de lideranças das forças armadas, nada impede novas investidas antidemocráticas para favorecer candidatos do agrado do Partido Militar.

Uma derrota contundente do neofascismo é fundamental para restituir a divisão constitucional entre as atividades civis e os anseios daqueles que querem impor sua vontade meio das armas.

# O PRINT É ETERNO: REÚNA MENTIRAS ANTES QUE ELES APAGUEM

No dia 21 de outubro de 2021, o influencer Felipe Neto publicou no Twitter uma lista com opiniões absurdas disseminadas pelo youtuber bolsonarista Allan dos Santos, dono do canal de desinformação Terça Livre. Arrolado como um dos principais disseminadores de fake news em inquérito aberto pelo STF, até fevereiro de 2022 dos Santos era considerado foragido pela justiça brasileira e vivia nos EUA.

Vamos a alguns exemplos. O primeiro tweet selecionado é este aqui:

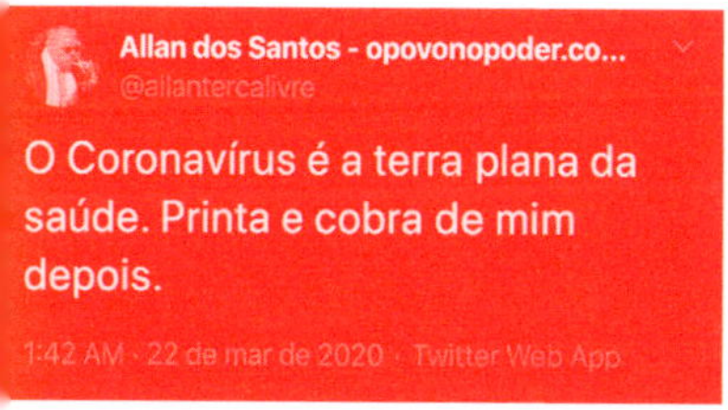


Felipe Neto comentou:

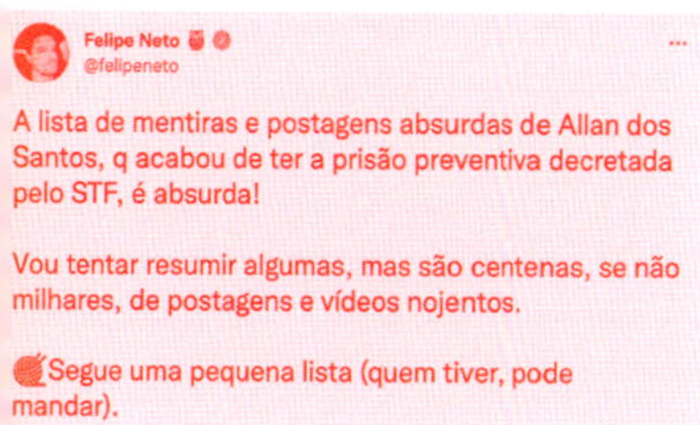


O segundo tweet selecionado de Allan dos Santos era uma imitação do conspiracionista e membro da extrema-direita estadunidense Allan Jones, criador do InfoWar:

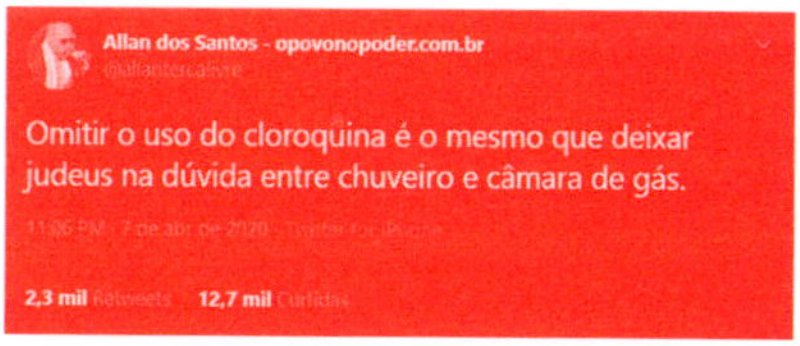


Esse conteúdo foi retuitado 2,3 mil vezes e recebeu 12,7 mil curtidas. Os fascistas operam com bots, mas contam também com o engajamento de muitos seguidores organizados em rede (o chamado "gado"), que interagem com as postagens desinformativas e mantêm sua relevância alta.

Reunir e arquivar materiais divulgados pelos fascistas é uma ação importante de campanha. Por quê? Quando uma mentira é desmascarada ou um fato é esclarecido, a estratégia da extrema-direita é padronizada: primeiro, seu emissor nega descaradamente ou contemporiza o que disse ou fez; em seguida, as milícias digitais se engajam com o conteúdo e fortalecem a contranarrativa. Assim, não basta guardar na memória aquilo que os fascistas fizeram: é preciso preservar e recompor a cena do crime.

Por exemplo: no mesmo 21 de outubro de 2021, em uma live, Bolsonaro afirmou o seguinte:

**"Só vou dar notícia, não vou comentar. Já falei sobre isso no passado, apanhei muito... Vamos lá: relatórios oficiais do governo do Reino Unido sugerem que os totalmente vacinados (...) estão desenvolvendo Síndrome da Imunodeficiência Adquirida muito mais rápido do que o previsto. Portanto, leiam a matéria: (...) aqueles que tomaram duas doses da vacina contra a Covid-19 desenvolveram a AIDS muito mais rápido que o previsto."**

A mentira pegou muito mal: o vídeo foi removido imediatamente pelo YouTube, e Bolsonaro se viu diante de mais um possível crime de responsabilidade. No dia seguinte, o presidente veio a público declarar que havia apenas divulgado um artigo e que não disse nada demais.

Os estrategistas da extrema-direita sabem que muitas pessoas não viram o vídeo ou não leram nenhuma reportagem sobre o fato em questão. Ao apostarem na sustentação da mentira e no caos informacional, como fizeram em 2018, podem manter a audiência na dúvida ou trazê-las para seu lado.

Em meio à confusão informativa, é comum que o receptor de uma mensagem acredite em quem defende valores mais semelhantes aos seus – um fenômeno conhecido por "viés de confirmação". Assim, os estrategistas bolsonarista se esforçam para anular o debate baseado na possibilidade de observar a veracidade de uma determinada afirmação ou fato – ou seja, é crucial embaralhar a verdade para dificultar ao máximo sua confirmação.

# POVOS INDÍGENAS: OBSTÁCULO AO PROJETO DE DESMATAMENTO

Não é de hoje que as nações indígenas são alvo da doutrina da extrema-direita militar brasileira – enquanto Bolsonaro e seus militares chegaram a afirmar que elas são peça de manobra estrangeira na Amazônia[53], a ditadura militar falava abertamente em "tornar os índios humanos" e "integrá-los à sociedade".

Atos de povos indígenas em 2019.

53 "'Ofensivo', 'racista' e 'paranoico': a visão de líderes indígenas sobre discurso de Bolsonaro na ONU." Online em bbc.com/portuguese/brasil-49819045 (última visita: 4.Mar.22).

Atos de povos indígenas em 2021.

ANA PESSOA / MÍDIA NINJA

Abdias do Nascimento escreveu:

**"Este extermínio das populações indígenas do Brasil constitui ainda hoje um explícito objetivo do governo brasileiro. A 28 de dezembro de 1976, o (...) Jornal do Brasil (...) publicou uma entrevista com o Ministro do Interior, Rangel Reis. Seu ministério preside os assuntos indígenas através da Fundação Nacional do Índio (Funai), e na entrevista Reis afirma: 'Vamos procurar cumprir as metas fixadas pelo presidente Geisel para que, através de um trabalho concentrado entre vários ministérios, daqui a 10 anos possamos reduzir para 20 mil os 220 mil índios existentes no Brasil, e daqui a 30 anos todos eles estarão devidamente integrados à sociedade nacional."[54]**

Ao contrário da afirmação do presidente, no entanto, quem pratica a entrega das nossas florestas e recursos naturais a corporações estrangeiras é a extrema-direita brasileira, em uma aliança entre banqueiros, ruralistas, mineradores e militares.

Em abril de 2019, em encontro com o então presidente Donald Trump, Bolsonaro propôs autorizar a exploração irrestrita da região amazônica em parceria com os Estados Unidos[55]. No decorrer do seu mandato, o presidente brasileiro ampliou a níveis inéditos a devastação da Amazônia e se tornou o principal vilão internacional da luta ambiental.

A jornalista Eliane Brum, em artigo para o El País, divulgou um dado dramático da pesquisa da antropóloga Ana Carolina Barbosa de Lima e dos biólogos Adriana Paes e Ricardo Bonfim Machado. Reunindo dados da devastação ambiental e do resultado eleitoral de 2018, a pesquisa demonstra que:

**"Os municípios amazônicos que mais desmataram desde 2000 teriam elegido Bolsonaro já no primeiro turno. Nos municípios bolsonaristas, a média do desmatamento foi duas vezes e meia maior do que nos municípios que preferiram Fernando Haddad."[56]**

A defesa de comunidades indígenas e quilombolas é fundamental no enfrentamento do neofascismo, principalmente entre os jovens que compreendem a importância decisiva da defesa do meio ambiente, das florestas e da diversidade cultural.

---

**54** NASCIMENTO, Abdias. O genocídio do negro brasileiro: processo de um racismo mascarado. Rio de Janeiro: Editora Paz e Terra, 1978, pg 44.

**55** "Bolsonaro quer explorar Amazônia com os Estados Unidos" (Deutsche Welle, 9/4/2019). Online: dw.com/pt-br/bolsonaro-quer-explorar-amaz%C3%B4nia-com-os-estados-unidos/a-48257906

**56** BRUM, Eliane. "Bolsonaro quer entregar a Amazônia" (El Pais, 7/11/2018). Online: brasil.elpais.com/brasil/2018/11/07/politica/1541597534_734796.html

# ARMAGEDOM DIGITAL: APROVEITANDO O TERRENO A SEU FAVOR

Em 1799, no final de sua campanha de expansão para o Oriente, Napoleão lutou contra os otomanos nas imediações da planície do Armagedom, então parte da Palestina. Ao contemplar a vastidão do vale, ele teria dito que aquele era "o campo de batalhas mais natural na Terra."

No cenário digital das disputas eleitorais brasileiras no começo da década de 2020, as batalhas mais decisivas serão travadas no WhatsApp, no YouTube e no TikTok. As milícias digitais neofascistas estão bem posicionadas nessas três aplicações, que são estratégicas pelo grande fluxo de usuários (no caso de WhatsApp e YouTube) e pela relevância entre o público jovem (TikTok).

O TikTok, aplicativo para compartilhamento de vídeos curtos, foi o mais baixado do planeta em 2020. Popularizado pelas famosas dancinhas e cenas cômicas, é a rede mais relevante entre os jovens no mundo todo no começo desta década.

## O BRASIL NO TIKTOK[57]:

---

**3º PAÍS COM MAIS USUÁRIOS**
**no mundo, atrás apenas dos EUA e da Indonésia**

---

**72,3 MILHÕES DE USUÁRIOS ATIVOS**
**O dado contabiliza apenas perfis acima dos 18 anos, portanto o número real é muito maior**

---

**45% entre 18 e 24 anos**

---

57 Dados de outubro de 2021, segundo o site *DataReportal*. Online: datareportal.com/essential-tiktok-stats

O YouTube continua sendo a maior plataforma de compartilhamento de vídeos do mundo e a mais popular no Brasil – é o segundo site mais acessado do país, atrás apenas do Google. Seu polêmico algoritmo de recomendações de vídeos foi crucial na popularização de ideias e influenciadores de extrema-direita[58]. Além do grande tráfego na plataforma, muitos vídeos do YouTube são também recortados e lançados em versões reduzidas no WhatsApp.

Arma principal na campanha eleitoral de 2018, o WhatsApp é uma ferramenta indissociável da vida dos brasileiros. Apesar das restrições adotadas pela Meta (ex-Facebook), empresa dona do WhatsApp, a versão do app voltada para negócios permite comunicação em massa e a utilização de robôs para realizar conversas, obter dados e para disseminar conteúdos.

A seguir, listamos alguns pilares conceituais e ideias para gestão dessas três plataformas e de outras populares entre os brasileiros. Não é preciso se limitar a essas abordagens nem às redes que listamos – é possível e necessário fazer operações altamente relevantes em novas fronteiras, como Telegram, Discord e Twitch, entre dezenas de outras disponíveis.

O importante, como discutimos até aqui, é alinhar a familiaridade do seu coletivo com a rede escolhida à relevância dela para o seu público-alvo. E, sobretudo, abusar de pesquisa, criatividade e qualidade na produção do conteúdo e na interação com a sua comunidade.

## O QUE FAZER NO WHATSAPP

Se você não estava em outro planeta entre 2016 e 2018, sabe o estrago que o app de mensagens do ícone verde fez nas eleições. Parte do poder do serviço vem da sua estrondosa disseminação e acessibilidade: para a grande maioria dos brasileiros, o "Zap" se tornou sinônimo de aparelho celular.

Mas é mais do que isso: por meio dos grupos, o WhatsApp permite a criação de grandes espaços de "audiência cativa". No jargão da comunicação, uma audiência cativa é um grupo de pessoas expostas a uma mensagem em um ambiente confinado e controlado.

Nesse espaço, a atenção da audiência é monopolizada. Isso garante a absorção quase universal da mensagem e limita grandemente qualquer possibilidade de contestação. O espaço clássico de audiência cativa é a sala de cinema: quando você vai ver um filme, é forçado a ver o trailer.

Assim, o WhatsApp criou a materialização mais bem acabada da bolha de rede social: ao contrário do Facebook e do Twitter, em que os usuários interagem entre si e com páginas de forma mais pública, os grupos de WhatsApp são comunidades de afinidade totalmente privadas, protegidas pela famosa criptografia de ponta a ponta.

---

**58** Um documentário instrutivo e acessível sobre o tema é *O Dilema das Redes*, lançado pela Netflix em 2020.

Neles, além da ausência completa de escrutínio externo, os participantes quase sempre interagem com os conteúdos pautados pelo "viés de confirmação" – a tendência de se lembrar, interpretar ou pesquisar informações de maneira a confirmar crenças ou hipóteses preexistentes.

Essa propriedade do serviço caiu como uma luva para o emergente movimento bolsonarista da segunda metade dos anos 2010. Organizados inicialmente de forma orgânica nos grupos, os oposicionistas ao governo Dilma Rousseff passaram a se retroalimentar com o discurso antipetista, e depois a serem alimentados por fontes externas dedicadas à produção de mentiras e caos informativo em massa.

Como em outras redes, as propriedades intrínsecas da ferramenta favorecem a disseminação de notícias falsas e discurso de ódio, ao mesmo tempo em que dificultam o contraditório e a fiscalização pelas autoridades.

Isso tudo, associado ao poder econômico alinhado à direita, torna complicada a vida de quem quer combater o fascismo digital de forma orgânica. Mas isso não é motivo para desânimo: com coordenação, pesquisa e criatividade, é possível e fundamental realizar ações antifascistas eficazes no WhatsApp.

## ALGUMAS DICAS ÚTEIS PARA A OPERAÇÃO:

### Transforme sua bolha política em uma agência de conteúdo e em uma comunidade de acolhimento

Você provavelmente participa de algum grupo de amigos e amigas com afinidade política no WhatsApp. Bolhas políticas são redes de proteção e isso por isso apenas já são importantes. Além disso, grupos desse tipo costumam ser espaços de circulação de conteúdo político relevante e atual. Mas pouco desse conteúdo rompe a bolha e atinge públicos novos. Duas abordagens produtivas:

1. Aproveite essa energia criativa para produzir e distribuir conteúdos de forma coordenada fora da bolha (gorupos de família, grupos públicos ou listas de transmissão).
2. Faça uma operação de mapeamento e acolhimento de pessoas indecisas e/ou frustradas com o bolsonarismo. Se não quiser fazer isso no grupo para manter sua bolha protegida, crie uma filial específica para isso.

### Procure grupos públicos abertos para atuar

Uma das maneiras de furar a bolha é atuar em grupos abertos, de acesso público. Ao contrário dos grupos privados, para os quais é preciso convite de um administrador, grupos públicos podem ser acessados por meio de um link. Existem vários sites que listam grupos públicos, a maioria dividido por regiões, cidades e temas – é possível encontrar sites desse tipo em uma busca simples no Google. Seu coletivo pode mapear grupos de discussão política ou de outros temas de interesse e desenvolver ações específicas. Analise bem os grupos antes de entrar e tenha cuidado com seus dados pessoais (se possível, utilize um chip de celular novo, que você pode descartar após a fase de campanha).

## Crie uma lista de transmissão

Listas de transmissão são a única forma de distribuição de conteúdo em escala ainda permitida pelo WhatsApp. Criar uma é bem fácil e será bastante útil para distribuir o conteúdo criado pelo seu coletivo. É possível adicionar os contatos manualmente, a partir do seu celular, ou também criar um cadastro público.

Essa modalidade, utilizada por muitos políticos, partidos e influenciadores, permite que qualquer pessoa se cadastre para receber conteúdos. É relativamente fácil criar um formulário e adicionar no blog do seu coletivo[59]. Como no exemplo anterior, se você optar por tornar sua operação em WhatsApp pública vale considerar utilizar um chip novo para não expor seu número particular.

## Seja uma referência contra fake news

O bolsonarismo foi tão popular e destrutivo que acabou produzindo um efeito positivo: hoje, todo mundo sabe o que é fake news, e muitos querem se distanciar delas. Muitos progressistas já se tornaram a fonte oficial de checagem de notícias da família, e vale "oficializar" a operação. Vale pesquisar e coletar as muitas notícias falsas que circulam – inclusive pedindo para pessoas mais expostas a elas que enviem a você – e produzir conteúdo divulgando a verdade. Muitos partidos e sites de notícia também já fazem esse serviço, então em muitos casos basta copiar e distribuir, seja via lista de transmissão, seja em grupos variados.

## Scripts automáticos, bots de resposta e outros

Interações automatizadas em contexto político são controversas, mas não são necessariamente ilegais ou antiéticas: várias empresas, organizações e grupos políticos utilizam bots e outros para automatizar e agilizar processos. Caso alguém no seu coletivo seja fluente em programação, vale a pena considerar desenvolver scripts para funções variadas no WhatsApp, como iniciar uma conversa com um novo assinante da lista de transmissão, responder dúvidas frequentes com links e conteúdos, direcionar demandas para destinos na internet e outros.

59 Um tutorial em português pode ser acessado em dinamize.com.br/blog/botao-whatsapp-site (última visita em 11.Fev.22). Há inúmeros outros disponíveis no Google e no YouTube.

# O QUE FAZER NO YOUTUBE

Em um cenário altamente saturado por conteúdos em vídeo de alta popularidade, construir um canal relevante no YouTube é um desafio cada vez maior. Além de afinidade com produção de vídeos, é preciso paciência, perseverança e regularidade nas postagens.

Segundo o Pew Research Center e o YouTube:

---

**79% DAS VISUALIZAÇÕES**
**da plataforma são monopolizadas por 10% dos vídeos**

---

**70% DOS ACESSOS**
**são realizados via celular**

---

**70% DOS CONTEÚDOS**
**assistidos são fruto de recomendações dos algoritmos. São eles quem decidem o que quem será popular ou não**

---

Mas é possível melhorar a performance do seu canal e dos seus vídeos com algumas técnicas:

1. No começo de cada vídeo, peça aos seus espectadores para assinarem o canal e ativarem as notificações.
2. Ao final, acrescente uma prévia ou fale brevemente sobre o próximo conteúdo.
3. Verifique sua conta do Google para poder publicar vídeos com mais de 15 minutos (youtube.com/verify).
4. Faça amigos! Interaja com o público em comentários, chats em estreias e lives e siga páginas da comunidade progressista, como Fórum, Brasil 247, DCM, Brasil De Fato, Opera Mundi, Rede Brasil Atual, TVT, Carta Capital, Mídia Ninja, Jornalistas Livres, Ronny Telles, Galãs Feios, Meteoro, Eduardo Guimarães, Plantão Brasil, Sabrina Fernandes, Jones Manoel, TV Boitempo, Greg News e Tecnopolítica, entre outras importantes da luta pela democracia e contra o negacionismo.
5. Dê atenção especial ao "branding" do canal: desenvolva uma identidade visual e a partir dela crie um banner de cabeçalho e ícone do canal; trabalhe também a descrição do canal e uma url personalizada, do tipo youtube.com/c/nomedoseucoletivo (para isso é necessário ter ao menos 100 assinantes).
6. Acrescente um trailer à página inicial do canal, explicando brevemente o que vocês fazem – é possível limitar a exibição desse conteúdo apenas para não assinantes.
7. Thumbnails (as mini capas que aparecem quando você visualiza um vídeo) são o primeiro contato que uma pessoa tem com um vídeo, e portanto a melhor oportunidade de convencer alguém a vê-lo. Crie thumbnails personalizados,

com títulos chamativos escritos em letras grandes e coloridas.

8. O YouTube oferece ferramentas clicáveis que você pode acrescentar à tela final dos vídeos ou como marca d'água durante a exibição do vídeo. Acrescente esses recursos aos seus conteúdos para transformar visualizadores em assinantes.
9. Organize seus vídeos em playlists – elas ajudam a aumentar as visualizações gerais do seu canal.
10. Organize seu conteúdo de forma estratégica na página do seu canal. Coloque os vídeos mais importantes em destaque.
11. Faça promoções: sorteie livros, assinaturas, camisetas e outros. Peça em troca que os espectadores assinem o canal e ativem as notificações.
12. Lance seus vídeos com periodicidade, se possível ao menos uma vez por semana, em dia e horário fixo.
13. Divulgue seus vídeos em outras redes sociais e peça aos seguidores para assinarem o canal.
14. Faça uma busca por palavras-chave (YouTube) ou tendências (Google) para escolher as melhores opções de título, descrições, hashtags e até os temas para seus vídeos. Pense em títulos que atendam a necessidade de atingir os públicos definidos pela estratégia do seu coletivo.
15. Colabore com outros criadores: convide donos de canais legais para participar de entrevistas ou outros projetos em vídeo. Assim, ambos se divulgam mutuamente para novos públicos.
16. Iluminação e plano de fundo são importantes para a qualidade do vídeo. Uma solução bastante popular são os famosos ring lights, mas é possível também improvisar com um abajur. O importante é ter algum tipo de luz direta no seu rosto. Para o fundo, prefira algo neutro para facilitar o contraste.
17. Os primeiros 5 segundos de um vídeos são decisivos. Alguns canais colocam um resumo do conteúdo, como um trailer. Seja qual for sua escolha, trabalhe bem as frases, de forma objetiva e chamativa, e pratique um pouco antes de gravar.

## Um exemplo de conteúdo

Vocês podem gravar vídeos com pessoas diferentes perguntando questões políticas importantes. Em seguida, alguém do coletivo responde. Uma pergunta poderia ser: “é verdade que foi Bolsonaro quem garantiu a vacinação das pessoas?”

Em seguida, pode recortar vídeos em que ele aparece atacando a vacina e pontuar que Bolsonaro, como defensor da imunidade de rebanho, queria que as pessoas se contagiassem.

Pode mostrar manchetes de jornais da CPI da Covid-19, entre outras possibilidades. Pessoas populares no seu bairro podem fazer as perguntas e o coletivo produzir as respostas.

# RESGATANDO ILUDIDOS COM O FASCISMO: BREADTUBE, O "YOUTUBE DO BEM"

Nos EUA, um grupo de youtubers do universo dos games e das ciências humanas resolveu utilizar seu alcance e o conhecimento da plataforma para "hackear" o algoritmo e contestar vídeos da extrema-direita.

Com linguagem afiada e ágil, os membros do BreadTube (batizado por eles de "YouTube do Bem") comentam temas em voga e respondem diretamente a vídeos famosos de youtubers da extrema-direita.

Com isso, conseguiram ser notados pelo algoritmo e figurar entre os vídeos recomendados da direita. Além dos vídeos, os youtubers e membros da rede também atuam nos comentários, conversando com as pessoas em tom bem humorado e amistoso, mas oferecendo contrapontos embasados. Nos vídeos e comentários, eles atraem pessoas para fóruns próprios, onde prosseguem a rotina de acolhimento. O projeto tem sido bem sucedido em resgatar pessoas desiludidas e confusas pelo discurso e atitudes da extrema-direita. A história do ex-extremista de direita Caleb Cain, resgatado por uma série de vídeos do coletivo, foi objeto de dezenas de reportagens em 2019[60].

# O QUE FAZER NO TIKTOK

Vídeos de teor político também são populares no TikTok, mas uma preocupação ainda maior ronda a plataforma. O site jornalístico e de pesquisa das redes sociais Núcleo[61] analisou, a partir de metadados, 61,4 mil vídeos que tratam de "manuseio de armas, prática de tiro e ações policiais, frequentemente incentivando violência por parte de agentes do Estado".

Segundo o levantamento, vídeos que cultuam a violência armada acumulam mais visualizações do que os de conteúdo político[62]. Obviamente, o alcance conquistado por alguns desses perfis será útil em campanhas neofascistas na disseminação de desinformação. Este é mais um motivo para concentrarmos esforços no TikTok.

60 Para saber mais sobre o assunto, leia "Como surge um radical do YouTube", disponível em internacional.estadao.com.br/noticias/nytiw,como-surge-um-radical-do-youtube,70002868283. O NY Times também dedicou uma série de podcasts ao tema, chamada *Rabbit Hole* (em inglês: nytimes.com/column/rabbit-hole).

61 nucleo.jor.br

62 "Militarismo é nova onda no TikTok." Núcleo jornalismo, 12/08/2021. Online: nucleo.jor.br/especiais/2021-08-12-militarismo-tiktok (última visita: 15.Fev.22).

## Dicas para atuar no aplicativo:

1. Prefira vídeos curtos: desde 2020 é possível postar vídeos de até 3 minutos de duração no app, mas os mais populares têm até 60 segundos. Para vinhetas ou teasers, mantenha a duração entre 9 e 15 segundos.
2. Seja pessoal e intimista: o que importa no TikTok é a espontaneidade.
3. A plataforma oferece um editor de vídeo nativo, mas ele é limitado. Para editar diretamente no celular, prefira aplicativos como o CapCut ou o OpenShot, que é software livre. Listamos algumas outras opções na página 83.
4. Observe os códigos audiovisuais do aplicativo: abuse de planos de fundo, áudios e textos como recursos narrativos.
5. Construa sua comunidade: interaja com comentários, conecte-se com criadores de conteúdo aliados, envie mensagens e siga perfis.
6. Entre nas discussões do momento: fique ligado nos desafios e acompanhe as hashtags mais populares
7. Coloque hashtags antifascistas nos vídeos e posts e busque avisar as pessoas para replicá-las.
8. Impulsione o seu perfil publicando alguns de seus vídeos mais bem feitos no Twitter, Instagram e outras redes.
9. Convide pessoas antifascistas para entrar no TikTok e seguirem o perfil do seu coletivo.
10. Os melhores horários para postar no TikTok são entre 7 e 10 horas e depois das 20h. Isso pode mudar. Tente fazer publicações em horários variados e veja quais atingem melhor seus objetivos.

## Algumas ideias de temas para vídeos:

- Por que a vida ficou cara?
- Por que os ruralistas apoiam o bolsonarismo?
- Por que os filhos de Bolsonaro não são investigados?
- Qual a função de Queiroz no bolsonarismo?
- Por que o assassinato de Marielle Franco não foi esclarecido até hoje?
- Como a doutrina neoliberal destruiu a economia do país?
- Por que Paulo Guedes quer privatizar empresas lucrativas?
- Por que sem distribuição de renda o país permanecerá atrasado?
- Por que o investimento federal em creches diminuiu?
- Por que o investimento federal para o Exército aumentou, enquanto para a Educação diminuiu?

# O QUE FAZER NO INSTAGRAM

O Instagram deveu sua popularidade inicial a públicos adolescentes e adultos jovens, mas a audiência envelheceu junto com o app. Atualmente, a principal faixa de público da rede social tem entre 25 e 34 anos, com o grupo de 18 a 24 em segundo lugar e de 35 a 44 em terceiro.

A rede social mais diretamente associada à imagem costuma ser vista como sinônimo de amenidades, banalidades e "ostentação" de estilo de vida, mas o engajamento político no app cresceu muito nos últimos anos e ele se tornou uma rede fundamental para a disputa política.

## Dicas úteis:

1. Em geral, o Instagram tem um tom mais ameno e as imagens publicadas no Feed costumam ser mais tratadas esteticamente. Vale dedicar um esforço extra para cuidar do Feed com carinho.
2. Ainda assim, alguns conteúdos menos elaborados também podem engajar. Vários perfis, por exemplo, republicam prints de posts do Twitter ou manchetes de jornais. Como o Twitter é mais ágil, é comum que as notícias demorem um pouco para chegar ao Instagram. Portanto, vale ficar de olho em outras redes e replicar conteúdos por lá, especialmente nos formatos Stories e Reels, que são mais informais.
3. Para conter a ascensão do Snapchat e disputar espaço com o YouTube, o Instagram passou a permitir várias modalidades de vídeos além dos Stories de 15 segundos. É possível fazer lives, postar vídeos mais longos no IGTV e arriscar produções mais virais no Reels. Vale explorar essas possibilidades para ver com a qual você se adapta melhor, e também trazer conteúdos do TikTok para a plataforma.
4. Muitos perfis produzem conteúdo político de primeira linha. Seguir esses perfis e compartilhar suas postagens via Stories ou Feed é uma forma prática e eficiente de manter seus canais ativos.
5. Peça aos amigos para curtir, comentar e compartilhar conteúdo produzido pelo perfil do seu coletivo.
6. Ao final de conteúdos mais elaborados, como vídeos e galerias, acrescente uma tela sugerindo aos seguidores que curtam, compartilhem e salvem o conteúdo na coleção. Essas ações aumentam a relevância do seu perfil.

# O QUE FAZER NO FACEBOOK

O Facebook vem perdendo engajamento e no final de 2021 reportou queda no número de usuários ativos pela primeira vez na história. Ainda assim, segue sendo a maior rede de relacionamento social online do mundo e a mais popular no Brasil: mais de 70% dos brasileiros que acessam a Internet possuem perfis no Facebook.

Perfis de figuras públicas e grupos seguem produzindo grande volume de interações na rede. Isso mantém o Facebook como parte do debate público e um grande foco de investimentos das campanhas políticas.

## Boas práticas para sua campanha na plataforma:

1. Um dos principais desafios do Facebook atualmente é conquistar espaço em uma timeline altamente disputada por postagens patrocinadas e recomendações de amigos. Depois de criar a página do seu coletivo, façam campanhas entre os conhecidos para que sigam a fanpage. Faça o mesmo com outros coletivos de campanha antifascista.
2. Compartilhe os conteúdos produzidos pelo coletivo nos perfis pessoais dos integrantes.
3. A maior parte da ação que interessa atualmente está nos grupos. Faça um mapeamento para conhecer os mais relevantes e desenvolva a melhor estratégia para atuação neles.
4. Converse com pessoas de páginas aliadas que publicaram conteúdos. Peça que curtam a página do coletivo para ampliar o potencial de distribuição orgânica das postagens.
5. Curta páginas de personalidades, partidos e entidades antifascistas. Tente estabelecer contato e dividir informações.
6. Sempre que possível, publique textos acompanhados de imagens. Alguns textos longos, quando bem escritos, são muito compartilhados, mas em geral textos muito longos engajam menos. Idealmente, mantenha um limite de até 4 parágrafos.
7. Links externos diminuem a visualização dos seus posts – os algoritmos estão programados para manter o tráfego dentro da plataforma. Sempre que possível, compartilhe os conteúdos diretamente no Facebook.
8. Faça uma análise periódica de postagens com mais compartilhamentos e curtidas. Tente repetir a fórmula para ajudar sua página a crescer.
9. O Facebook também permite lives e avisa seus amigos e amigas para ingressarem. Vale a pena testar o formato e verificar o engajamento da sua comunidade.
10. O Messenger, serviço de mensagens instantâneas do Facebook, é uma forma bem ágil de se comunicar com as pessoas da plataforma – inclusive aquelas que não estão utilizando ela no momento. Isso

pode ser útil para convidar amigos e amigas para apoiar determinadas postagens e campanhas, mas também para conhecer e interagir com pessoas que vocês não conheçam pessoalmente.

## O QUE FAZER NO TWITTER

Por ser majoritariamente baseada em textos curtos conectados a temas atuais, o Twitter é uma rede social de grande velocidade. Apesar de ser apenas a 6ª plataforma entre os brasileiros, a rede é bastante utilizada por veículos de comunicação e formadores de opinião.

Por isso, o Twitter é considerado um importante termômetro do debate público. Não raro, discussões que nascem na plataforma acabam colonizando outras redes sociais e a agenda política como um todo.

Bolsonaristas e extremistas abusam de bots e sockpuppets (perfis falsos) para inflar curtidas e compartilhamento em tuítes. Com isso, tentam dar a impressão de que são mais populares e apoiados do que realmente são, além de criar discussões artificiais que não raro servem como "cortinas de fumaça" para temas mais importantes.

Para fazer do Twitter uma ferramenta importante na sua campanha, tenha em mente que:

1. É fundamental disputar espaço entre os assuntos mais comentados (os Trending Topics). Para isso, é preciso articular os coletivos e marcar dias e horários para disparar postagens e interagir de forma coordenada. A velocidade e a quantidade de publicações é que vão definir se a hashtag vai ou não para os TTs.
2. O Twitter possui dezenas de perfis de personalidades, movimentos, partidos, veículos de comunicação, blogs e candidatos do espectro democrático, antifascistas e/ou de esquerda. Seguir esses perfis e interagir com seus posts ajuda a fortalecer a mobilização democrática.
3. Publique conteúdos diariamente no perfil do coletivo e observe quais horários funcionam melhor para seu público estratégico. O próprio Twitter tem uma página com as estatísticas do seu perfil. Você pode monitorar o desempenho e descobrir o melhor modo de criar e postar os tuítes.
4. Fique de olho nos principais assuntos do dia. Isso será útil não apenas para interagir com os debates, mas para evitar postar conteúdos quando a atenção das pessoas está voltada para outros temas.
5. Vá nos perfis aliados e veja quem são os seus seguidores. Envie mensagens pedindo para apoiar seu perfil ou replicar mensagens publicadas pelo coletivo.
6. Não perca tempo com discussões ou palavras de ordem. Priorize criar conteúdos que as pessoas que lutam pela democracia se interessem em compartilhar e replicar.

7. Abrir e estimular diálogos é um aspecto fundamental da cultura do Twitter. Inclua nos posts elementos que ajudem nesse sentido, como perguntas, palavras de ordem, enquetes e outros. Sobretudo, não deixe de responder perguntas e comentários das suas postagens.

8. Não perca tempo respondendo robôs e provocadores da direita. Repare que se o perfil agressor tem pouquíssimos seguidores, em geral é fake. Denuncie e bloqueie esses perfis.

9. Não se esqueça que o Twitter pode ser utilizado para atrair tráfego para seu canal no YouTube e para outras publicações no Instagram e TikTok.

# ARGUMENTOS FASCISTAS X FATOS

Segundo a agência de checagem de informações Aos Fatos, da posse até 28 de outubro de 2021 Bolsonaro deu 4235 declarações falsas ou distorcidas[63]. Como já comentamos, a estratégia da extrema-direita passa por produzir e reproduzir desinformação nas redes sociais.

Os efeitos desejados têm dois alvos certeiros: no que diz respeito ao debate público, o objetivo é desviar o foco de notícias importantes e produzir o famoso "controle de narrativa"; para a audiência militante, o intuito é criar uma realidade paralela, na qual o juízo baseado em fatos é substituído por consensos construídos a partir de crenças, valores e preconceitos.

Diante desse cenário, é importante manter uma lista de mentiras, descontextualizações e deformações de fatos importantes para sua campanha. Muitas vezes será importante não apenas combater mentiras com argumentos: será fundamental desmenti-las com provas contundentes. Por isso, organize links, vídeos, documentos e artigos de veículos informativos confiáveis que possam ser úteis nessa missão.

Também será importante trazer à tona declarações desinformativas que os líderes da extrema-direita tentam esconder. Faça uma lista dos argumentos fascistas e busque organizar fatos para combatê-los.

Selecionamos a seguir alguns argumentos falsos lançados pela extrema-direita bolsonarista e discutiremos algumas maneiras de contestá-los.

63 Fonte: aosfatos.org/todas-as-declara%C3%A7%C3%B5es-de-bolsonaro (último acesso em 16.Fev.22).

# ARGUMENTO 1

ECONOMIA

**Bolsonaro culpa "fica em casa" e diz que trabalho do governo salvou a economia**

Presidente deu a declaração durante participação em encontro com evangélicos

**Bolsonaro costuma afirmar que se não fosse ele a economia teria parado. Também diz que as medidas de isolamento impediram que seu governo tivesse um desempenho econômico melhor. Argumentos como esses serão utilizados intensamente pela extrema-direita.**

Alguns contrapontos centrais:

A economia não estava bem mesmo antes da pandemia. Os cortes de recursos sociais e os ataques aos direitos trabalhistas, aliados à recessão, ajudaram a comprimir a massa salarial. Paulo Guedes anunciava que o país estava prestes a deslanchar com tanta frequência, que as declarações do ministro viraram meme.

"Semana que vem" vira piada e governo mostra que está longe de solução

Carla Araújo
Do UOL, em Brasília
08/10/2020 19h00

A desaceleração da economia em janeiro e fevereiro de 2020 – ou seja, antes de a pandemia se disseminar no Brasil – foi constatada pelas pesquisas setoriais do IBGE e pelo ICB-Br do Banco Central. Em 2019, o PIB cresceu apenas 1,1%, muito abaixo do esperado pela equipe de Paulo Guedes.

EPOCA

ÉPOCA · ECONOMIA · 1130

**2019, mais um ano de Pibinho**

Dados da economia, mais uma vez, decepcionam e analistas já reduzem previsões de crescimento para 2020 com o coronavírus

Cássia Almeida
06/03/2020 - 03:00

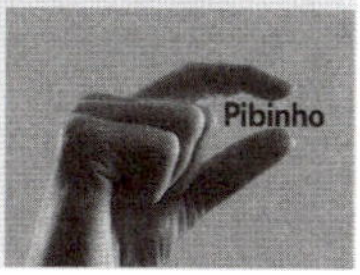


Durante a pandemia, em cumprimento à cartilha neoliberal do seu "Posto Ipiranga", Bolsonaro priorizou o socorro a grandes empresários. Porém, com 40% dos salários pagos e 52% dos postos de trabalho com carteira assinada gerados no país, são as pequenas empresas o verdadeiro motor da economia brasileira A liberação de auxílio a esse segmento foi tardia, insuficiente e cercada de burocracias insuperáveis para muitos. Com isso, o desemprego explodiu.

POLÍTICA

Guedes: vamos usar recurso público com grandes empresas e ganhar dinheiro

CORREIO BRAZILIENSE

**Micro e pequenas empresas criaram 71% dos empregos gerados durante a pandemia**

Um levantamento do Sebrae aponta que, entre julho de 2020 e julho de 2021, os pequenos negócios criaram 2.094.812 vagas com carteira assinada

A falta de atuação para conter a disseminação do SARS-Cov-2 e o atraso na compra das vacinas elevaram o número de mortes e atrasaram a retomada da economia. Para 2022, enquanto a expectativa global era de crescimento do PIB, as projeções apontavam que o Brasil seria um dos únicos países em recessão.

ISTOÉ Dinheiro

EDIÇÃO Nº 1260 11.02

ESTILO ECONOMIA NEGÓCIOS TECNOLOGIA FINANÇAS GIRO COLUNISTAS

ECONOMIA

**PIB 2022: Brasil terá 3º pior desempenho do mundo, diz ONU**

O Produto Interno Bruto (PIB) do Brasil terá um dos desempenhos mais fracos do mundo em 2022. (Crédito: Arquivo / Agência Brasil)

# ARGUMENTO 2

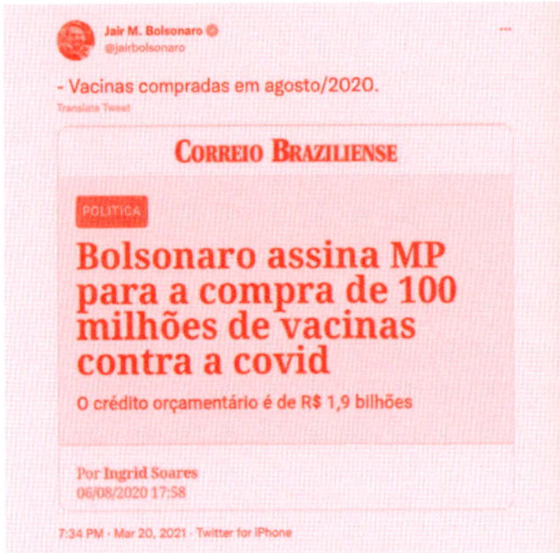

Jair M. Bolsonaro
@jairbolsonaro

- Vacinas compradas em agosto/2020.

Translate Tweet

CORREIO BRAZILIENSE

POLÍTICA

**Bolsonaro assina MP para a compra de 100 milhões de vacinas contra a covid**

O crédito orçamentário é de R$ 1,9 bilhões

Por Ingrid Soares
06/08/2020 17:58

7:34 PM · Mar 20, 2021 · Twitter for iPhone

**Após meses de campanha ativa contra a vacinação para a Covid-19 entre 2020 e 2021, as milícias digitais viraram a chave e passaram a celebrar a compra de vacinas pelo governo Bolsonaro. Esse é um tipo de desinformação que trabalha, entre outros fatores, com a criação de confusão.**

Desconstruindo a falácia[64]:

A liberação de recursos para o enfrentamento da Covid-19 foi aprovada pelo Congresso contra a vontade de Bolsonaro.

Desde muito cedo, ficou claro que a vacina seria a primeira solução contra o vírus – e por algum tempo a única. A Pfizer procurou o então ministro da saúde Eduardo Pazuello, oferecendo prioridade na compra de milhões de doses. O governo federal comprovadamente fez de tudo para protelar a compra.

64 Todos os dados relacionados à omissão do governo Bolsonaro em relação ao combate à pandemia de Covid-19 estão disponíveis no relatório final da CPI. Online em: poder360.com.br/congresso/leia-a-integra-do-relatorio-final-da-cpi-da-covid-no-senado (última visita: 16.Fev.22).

Em paralelo, membros do governo tentavam obter vantagens ilícitas em uma negociação com o consórcio Covaxin.

A compra de vacinas foi decidida com meses de atraso, depois que o governo de São Paulo já produzia por conta própria a vacina Coronavac, no Instituto Butantã, e apenas mediante muita pressão da opinião pública e até de aliados políticos.

Mesmo depois da compra de vacinas, o bolsonarismo continuou a atacá-la. Bolsonaro chegou a dizer que ela agravaria doenças como a AIDS. Tal narrativa, completamente mentirosa, gera propositadamente um temor em certas pessoas.

As apostas do governo federal, o tempo todo, foram a imunidade de rebanho e o tratamento precoce, com vermífugo e hidroxicloroquina. O Ministério da Saúde, contra todas as evidências científicas, torrou milhões adquirindo esses medicamentos, produzidos pelo Exército.

## ARGUMENTO 3

g1 POLÍTICA

Bolsonaro diz que contaminação é mais eficaz que vacina contra Covid; especialistas contestam

Fala do presidente em transmissão ao vivo pela internet remete à tese da chamada 'imunidade de rebanho', criticada por infectologistas e especialistas em saúde pública.

Por Filipe Matoso e Pedro Henrique Gomes, G1 — Brasília
17/06/2021 20h00 · Atualizado há 8 meses

**A agência Aos Fatos[65], com dados do CDC (Centers for Disease Control, órgão de saúde do governo dos EUA), apurou que as vacinas são uma forma mais segura e eficiente de imunização do que a contaminação.**

Além disso, indivíduos não vacinados apresentam:

| | |
|---|---|
| **4,5X** | **mais probabilidade de se infectar com o novo coronavírus** |
| **10X** | **mais chances de serem hospitalizados** |
| **11X** | **mais chances de morrerem pela doença — independentemente de terem ou não contraído a Covid-19** |

65 Fonte: aosfatos.org/todas-as-declara%C3%A7%C3%B5es-de-bolsonaro (última visita: 17.Fev.22)

# ARGUMENTO 4

> **R7 BRASÍLIA**
>
> Bolsonaro: 'Brasil está entre os países que menos sofreram impactos na economia'

**É falso que o Brasil tenha sido um dos países que menos sofreram com os impactos econômicos causados pela pandemia de Covid-19. Também segundo apuração da Aos Fatos junto à agência classificadora de risco Austin Rating, a FGV e o Ipea[66], estes eram alguns dos principais indicadores econômicos do Brasil no segundo trimestre de 2021:**

---

**38º** entre as 48 maiores economias do mundo, em termos de crescimento do PIB (Produto Interno Bruto)

---

**- 4,1%** crescimento do PIB

---

## MOEDA MAIS DESVALORIZADA

**O real teve o pior desempenho em 2020 entre as 30 mais negociadas do mundo em comparação com o dólar**

---

## DESEMPREGO ACIMA DA MÉDIA

**Queda no nível de ocupação mais intensa do que 84,1% dos 63 países analisados entre os três últimos trimestres de 2019 e 2020**

---

66 Fonte: bcb.gov.br/estatisticas/grafico/graficoestatistica/ibcbr (acessado em 17.Fev.22).

# ARGUMENTO 5

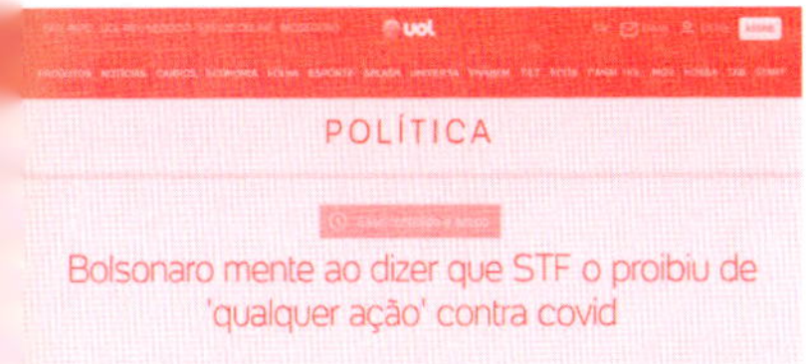


**Essa mentira já foi desmoralizada, desmentida e provavelmente será escondida durante a campanha. Nunca existiu qualquer decisão do STF ou do STJ proibindo Bolsonaro de agir contra a Covid-19.**

Os fatos mostram justamente o contrário:

O governo federal só agiu contra a Covid-19 porque foi pressionado pela sociedade civil, pela imprensa, pelo judiciário e pelo legislativo.

Foi o poder legislativo que aprovou o auxílio emergencial, em articulação contra os interesses expressos do ministério da economia.

Em discurso oficial no dia 10 de dezembro de 2020, o próprio Bolsonaro afirmou:

**"Nós não podemos atuar diretamente na questão do (*sic*) Covid por uma decisão judicial (...) Nós falamos do tratamento precoce e conversei de novo agora com o ministro gaúcho, Ernesto Araújo, das Relações Exteriores, não temos notícias dos nossos irmãos da África, abaixo do deserto do Saara, grande quantidade de óbitos por causa do (*sic*) Covid. E todos esperavam exatamente o contrário. A pessoa com alguma deficiência alimentar, pessoas mais pobres, fossem ser em maior quantidade vitimadas. E não foi, por quê? Porque (...) tratam, muito infelizmente, não é? A malária. E o elemento chegava com malária e Covid e era tratado com hidroxicloroquina e ficava bom."**[67]

67 Este e todos os outros discursos oficiais do presidente da república Jair Bolsonaro estão disponíveis no site do Planalto: gov.br/planalto/pt-br/acompanhe-o-planalto/discursos (acessado em 17.Fev.22).

# A QUEDA DOS NEOLIBERAIS PELO FASCISMO

A Revista Fórum publicou a transcrição de trechos da entrevista de Eduardo Leite, então governador do Rio Grande do Sul, ao podcast Derrete Cast, apresentado por integrantes do Movimento Brasil Livre (MBL).

Político conservador e neoliberal, Leite buscava se viabilizar como candidato da terceira via entre Lula e Bolsonaro. Ao contrário de Ciro Gomes e outros pretendentes ao posto, Leite foi eleitor assumido de Bolsonaro, algo do qual tentava a todo custo se dissociar:

**"A eleição do segundo turno é uma eleição de rejeição, você escolhe o que não quer. A candidatura do Bolsonaro não tinha nenhuma expectativa que pudesse significar alguma coisa positiva, como eu esperava que fosse um governo, mas diante da outra alternativa, o PT voltar ao poder, parecia naquele instante algo muito ruim."**[68]

Leite e o MBL têm em comum com o bolsonarismo a defesa da destruição de direitos trabalhistas e sociais. Em 2021, o então governador em exercício de SP Carlão Pignatari (PSDB) vetou um projeto de lei que acabava com a meia-entrada nos cinemas para categorias específicas no estado. O PL era de autoria de um dos líderes do MBL, o deputado Arthur "Mamãe Falei" do Val (Patriotas). A defesa intransigente da não-interferência nas relações de mercado é o que mobiliza os grupos mais ideológicos do neoliberalismo.

É por força desse alinhamento que, mesmo diante de prováveis crimes contra a humanidade, do cerceamento a investigações como o assassinato de Marielle Franco e as rachadinhas de Flavio Bolsonaro, da devastação da Amazônia, do corte de 92% dos investimentos em Ciência e Tecnologia, da farra dos salários da alta cúpula do Exército, dos cortes na Educação, do atraso na compra das vacinas e da criminosa campanha pela cloroquina – ainda assim a maioria das lideranças neoliberais tende a se aliar novamente ao bolsonarismo nas urnas, caso não encontrem um candidato próprio viável para o segundo turno.

---

68 Online em revistaforum.com.br/politica/eduardo-leite-reafirma-voto-em-bolsonaro-e-volta-a-atacar-o-pt (acesso em 17.Fev.22).

"Bonecões" de Sergio Moro e Jair Bolsonaro no Carnaval de Olinda, em 2020.

Sergio Moro, outro agente neoliberal a serviço de interesses da política externa norte-americana, destruiu empresas brasileiras com contratos no exterior para cumprir sua missão de remover a esquerda do governo. Uma das suas ações mais escandalosas foi articular uma multa para a Petrobras por violação de direitos de acionistas, e direcionar o valor (US$ 2 bilhões) para uma ONG anticorrupção controlada por Deltan Dallagnol, ex-procurador da República e um dos líderes da força-tarefa da Lava Jato em Curitiba.

A insistência dos neoliberais em demonstrar que lucros pessoais e a manutenção de estruturas de privilégio são mais importantes do que interesses coletivos e nacionais torna fundamental a mobilização democrática também em relação a esse segmento.

## CONCLUSÃO:

# MOBILIZAÇÃO ORGANIZADA E CONSTANTE

É urgente criar campanhas pelo resgate do país e pela derrota da besta fascista. Não vamos nos iludir: a extrema-direita utilizará todas as técnicas possíveis, legítimas e ilegítimas, legais e criminosas, para tentar se manter no poder de Estado.

Os banqueiros nunca lucraram tanto como no governo Bolsonaro. Os ruralistas nunca devastaram tanto nosso país. Os militares nunca ganharam tanto dinheiro. Os políticos do Centrão, grupo de arrivistas e dilapidadores do patrimônio público, avançaram na obtenção de benesses pessoais e para seus agrupamentos políticos. Esses segmentos despejarão muito dinheiro e utilizarão de todos os recursos para sustentarem o bolsonarismo.

Precisamos aumentar ainda mais sua rejeição. Temos fatos e a realidade ao nosso lado. Mas a verdade em si não é suficiente para vencer as eleições: testemunhamos em tempo real o poder e os efeitos que o festival de mentiras tiveram na vida pública brasileira a partir de 2016.

Precisamos que cada uma e cada um se envolva nessa campanha digital. Ainda que de forma individual, você pode produzir conteúdo e fortalecer o movimento antifascista nas redes – basta dedicar uma pequena parte do seu dia para curtir, compartilhar e comentar conteúdos que fortaleçam a luta democrática.

A esperança vai
VENCER O
MEDO

ENTRE NESSA LUTA
PELA DEMOCRACIA E
PELO RESGATE DO PAÍS.

TENHA UMA AÇÃO ATIVA
NAS REDES DIGITAIS.
A DERROTA ELEITORAL
DO FASCISMO É UM
PASSO FUNDAMENTAL,
MAS NÃO REPRESENTA
O FIM DO FASCISMO.

DEVEMOS CONTINUAR
A JORNADA EM DEFESA
DA DEMOCRACIA, DA
DIVERSIDADE E DA JUSTIÇA.

# MONTE O SEU COLETIVO DIGITAL E PARTICIPE DA LUTA ANTIFASCISTA!

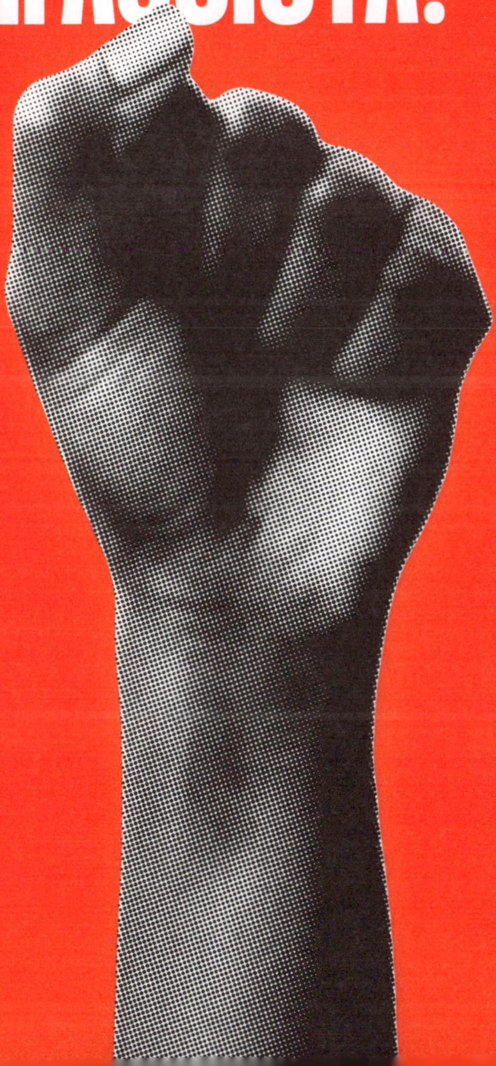